HISTOIRE POPULAIRE

DE

NAPOLÉON

LE GRAND,

AVEC DES DÉTAILS SUR SA CAPTIVITÉ ET SA MORT

A SAINTE-HÉLÈNE;

Suivi de la Translation de ses Cendres à Paris, en 1840.

PAR MM. BERTHET ET HENRY.

ORNÉE DE GRAVURES.

PARIS,

B. RENAULT, ÉDITEUR.

1844.

Pour l'effroi de la terre et l'exemple des rois.

SÉMIRAMIS.

Les oracles d'Ammon veulent un sacrifice.

OROÈS.

Il se fera, Madame.

SÉMIRAMIS.

Éternelle justice,
Qui lisez dans mon âme avec des yeux vengeurs,

Parle.

SÉMIRAMIS.

Veux-tu me perdre? ou veux-tu pardonner?
C'est ton sceptre et ton lit que je viens de donner;
Juge si ce héros est digne de ta place.
Prononce; j'y consens.

L'OMBRE, *à Arzace.*

Tu règneras, Arzace;

HISTOIRE

DE

NAPOLÉON.

harlet del. Ad. Godefroy direxit.

HISTOIRE

DE

NAPOLÉON

AVEC DES DÉTAILS

SUR SA CAPTIVITÉ SON TESTAMENT ET SA MORT

A SAINTE-HÉLÈNE,

Suivie de la translation de ses cendres à Paris, en 1840.

Par MM. BERTHET ET HENRY.

PARIS.

B. RENAULT, ÉDITEUR.

1845.

1846

Paris. — Imprimerie de LACOUR et Compagnie,
rue Saint-Hyacinthe-Saint-Michel, 33.

Une histoire de Napoléon ne peut-être le récit détaillé de tous les faits d'une existence si pleine, de tous les événements du plus mémorable des règnes... Pour un livre qui doit être à la portée de tous, il est des limites qu'il ne faut pas dépasser, lors même qu'on se propose de ne rien omettre d'important. Nous avons réuni dans celui-ci tout ce que la vie du grand empereur présente de plus intéressant et de plus caractéristique. Nous nous flattons qu'il le fera mieux connaître que beaucoup d'ouvrages volumineux, publiés jusqu'à présent. Chacun pourra ici s'instruire sans fatigue, de tout ce qui a fait l'éclat d'une période de gloire, qui fut et restera peut-être sans pareille.

Avant d'élaguer tout ce qui aurait inutillement surchargé la mémoire, nous avons dans un récit succint, présenté la chaîne complète et non interrompue, de la vie de Napoléon, depuis sa naissance jusqu'à sa mort; viennent ensuite, sur chaque circonstance et à leur ordre de date, les développements donnés d'après les documents les plus authentiques. Un tableau succède à un autre : c'est Toulon, c'est l'Italie, c'est l'Égypte, c'est Paris, c'est l'Italie encore, puis les triomphes de l'Empire et ses revers ; et enfin l'île d'Elbe, Waterloo et Sainte-Hélène.

Dans ces actes d'un drame qui s'est terminé par une apothéose, sont rattachées les seules particularités dont la vérité nous a paru incontestable. Nous nous serions fait un scrupule de reproduire les cent mille anecdoctes inventées dans ces derniers temps, par des feuilletonnistes qui ont rabaissé le caractère et l'esprit de Napoléon aux mesquines proportions de leur esprit et de leur caractère... Nous avons montré l'Empereur tel qu'il fut : les vieux guerriers qui l'ont connu, les personnages politiques qui furent le plus avant dans son intimité, jugeront sans doute que nous ne nous sommes pas écartés de la ressemblance.

HISTOIRE

DE NAPOLEON.

Napoléon est le plus grand homme qui ait occupé un trône. Chef d'une nation progressive renommée pour son courage, son esprit, ses lumières, il fut aussi son représentant le plus fidèle et le plus énergique : jamais on ne s'était autant identifié avec elle. Jaloux de l'honneur de la France, il aurait voulu l'élever autant au-dessus des autres peuples que lui-même s'était élevé au-dessus de ses contemporains.

Sorti des rangs du peuple, l'empereur a élevé la patrie à un degré inouï jusqu'alors de gloire et de prospérité ; ne cessant jamais de s'appuyer sur le peuple, il a grandi le peuple comme le peuple l'avait grandi ; et on peut dire que son histoire est aussi l'histoire du peuple. Il consolida toutes les conquêtes de la révolution, mit un terme aux dissensions intestines, et ouvrit à la France une large voie pour marcher à tous les genres de gloire et de progrès. Son puissant génie organise tout autour de lui : les lois, l'industrie, la guerre ; il prépare la paix universelle par des victoires ; son ambition fut de faire à jamais de la France la tête de la civilisation, le flambeau du monde. Le principe de l'égalité subsiste en ce qu'on peut s'élever de tous les rangs, de toutes les conditions. Le fils du laboureur ou celui de l'artisan peut devenir maréchal, préfet, conseiller d'Etat, sénateur.

Napoléon, issu d'une famille noble originaire d'Italie que les troubles du pays avaient jadis forcée de se réfugier en Corse, naquit à Ajaccio, le 15 août 1769, de Charles Bonaparte, d'une intelligence peu commune, et de Lætitia Ramolino, l'une des plus belles femmes de son temps douée d'une grande force de caractère. Son père, envoyé à Versailles, comme député de la Corse (1776), l'emmena avec lui. Il sollicita l'admission du jeune Napoléon à l'école militaire de Brienne, et l'obtint en 1776. L'enfance de Bonaparte s'était fait remarquer par une maturité précoce, le goût de la méditation et l'ardeur pour l'étude. A Brienne, dédaignant les connaissances littéraires, il ne s'occupe que de sciences exactes, d'histoire et de géographie. Son amour pour la solitude, son caractère devenant de plus en plus sérieux et réfléchi, annoncent l'homme de génie dont l'activité doit s'exercer sur les questions les plus graves, embrasser les intérêts les plus vastes et remuer le monde. Déjà le professeur Léguile rendant compte de la conduite de son élève, trace sur une note ces lignes prophétiques : « Corse de nation et de caractère, il ira loin, si les circonstances le favorisent. » Bonaparte passa, en 1784, de l'école militaire de Brienne à celle de Paris. De brillans examens le firent nommer, l'année suivante, lieutenant en second au régiment d'artillerie de La Fère, alors en garnison à Grenoble ; il n'avait alors que quinze ans.

En 1789, la révolution commence ; l'esprit public renaît ; les aristocraties sacerdotale, nobiliaire, féodale, parlementaire et ministérielle frémissent à la vue des droits du peuple français proclamés et constitués par une ASSEMBLÉE NATIONALE. Ces aristocraties épouvantées, vaincues, mais non détruites, se liguent par l'émigration, appellent l'étranger pour asservir la

France, et épient le sommeil de la nation comme un moment favorable pour se reproduire un jour sous de nouvelles formes, soit à la suite des fatigues inséparables des révolutions, soit en se déguisant sous les principes constitutionnels, soit en marchant réunies et coalisées à la suite du pouvoir monarchique.

Napoléon qui, a cette époque, avait 26 ans, embrassa vivement la cause nationale; dès ce moment sa destinée fut liée à celle du peuple. Il se trouvait chargé du commandement temporaire de l'un des bataillons soldés en Corse, lorsque eurent lieu les intrigues de Paoli pour vendre la Corse aux Anglais. Paoli ayant levé l'étendard de la révolte et ayant été déclaré traître envers la France, une expédition, dont Bonaparte fit partie, fut dirigée contre Ajaccio. Les Français échouèrent ; la famille Bonaparte fut proscrite et vint se fixer dans les environs de Toulon. Napoléon rejoignit à Nice le 4e régiment d'artillerie à pied, où il avait été nommé lieutenant en premier.

Toulon ayant été livré à la flotte anglo-espagnole par les contre-révolutionnaires du Midi, la Convention envoya une armée pour reprendre la ville. Bonaparte fut nommé chef de bataillon commandant l'artillerie du siége. Tout le succès de cette grande opération dépendait de la possession du fort Mulgrave, auquel les Anglais avaient donné le nom de Petit-Gibraltar, et qui était regardé comme tellement imprenable, que le commandant anglais avait dit : « Si les Français emportent cette batterie, je me fais jacobin. Bonaparte fit ses dispositions pour l'attaque de ce fort. Visitant un jour les travaux de l'artillerie avec un des commissaires de la Convention, celui-ci veut présenter quelques observations sur la position d'une batterie. « Mê-« lez-vous de votre métier de représentant, « lui répondit le jeune officier, et laissez-moi « faire le mien ; cette batterie restera là, et je « réponds du succès sur ma tête. » L'événement justifia la confiance du commandant de l'artillerie. La brèche, longtemps tentée en vain, fut ouverte, et l'intrépidité des soldats, secondée par l'habilité et le courage d'un chef subalterne encore obscur, rendit à la république le boulevart des côtes de la Méditerranée, que lui avait enlevé la déloyauté et l'infamie de quelques hommes. Ce fut le 19 décembre que

Toulon redevint français, et ce jour-là même les représentants récompensèrent la puissante coopération de Bonaparte à cette importante victoire, en le nommant général de brigade commandant l'artillerie de l'armée d'Italie.

La réaction du 9 thermidor sembla vouloir l'arrêter au début de sa carrière. Le vainqueur de Toulon fut arrêté à Nice; mais le vide immense qu'il laissait dans l'armée d'Italie fut vite senti par les représentants du peuple Albitte et Salicetti. La mise en liberté du chef de l'artillerie fut ordonnée, et la prise d'Oneille, celle du col de Tende et le combat del Caro signalèrent immédiatement son retour au milieu de ses compagnons d'armes. « C'est au talent du général « Bonaparte, écrivit alors le général en chef Du-« merbion aux commissaires conventionnels, « que je dois les savantes combinaisons qui ont « assuré notre victoire. »

Déjà sa gloire faisait des envieux et son nom devenait populaire. Dès lors il fut en butte aux sourdes attaques des hommes qui craignaient l'ascendant du génie. Le directeur du comité de la guerre, Aubry, lui ôta le commandement de l'artillerie de l'armée d'Italie. Bonaparte vint à Paris réclamer sa réintégration : Aubry lui offrit une brigade dans la Vendée : mais Bonaparte vit le piége qui lui était tendu, et il préféra rester dans l'inaction.

Le royalisme commençait alors ses intrigues, et ce fut lui qui prépara l'insurrection contre-révolutionnaire des sections de la garde nationale de Paris, qui vint en armes menacer la convention. Barras, chargé de réprimer l'insurrection, se fit adjoindre Bonaparte comme commandant en second : grâce à son habileté, la cause de la révolution sortit victorieuse de cette lutte (10 vendémiaire).

Ce fut à cette époque que Bonaparte épousa Joséphine de Beauharnais, et que la république, tourmentée par les orages de l'intérieur, tourna sur lui ses regards. Carnot et Barras le firent nommer général en chef de l'armée d'Italie, en remplacement de Schérer. Il partit donc de Paris le 1er germinal an IV (21 mars 1796). En arrivant, Bonaparte trouva l'armée dans le dénûment le plus absolu : il lui donna du pain. Il avait sous ses ordres des généraux anciens et distingués, jaloux de lui, et le Directoire lui suscitait mille tracasseries. L'ascendant du génie d'un général à peine âgé de vingt-sept ans surmonta cette double difficulté ; il retrempa le moral des soldats et fit renaître l'enthousiasme dans tous les cœurs par des proclamations quelquefois sublimes. Les victoires de Montenotte, Dego, Millesimo, Cera et Mondovi furent le résultat de son influence morale non moins que de ses talens militaires. Le Piémont fut soumis en quinze jours, et cinq fois Bonaparte fut récompensé par la déclaration solennelle : *L'armée d'Italie a bien mérité de la patrie.*

Bonaparte poursuit ses triomphes ; il franchit le pont de Lodi et entre vainqueur à Milan, au milieu des acclamations du peuple. Il bat une dernière fois, sur les bords du Mincio, le général autrichien Beaulieu, que Wurmser vint remplacer avec une armée deux fois plus nombreuse que l'armée française. En quelques jours cette armée est détruite dans les combats de Lonato, Brescia, Castiglione, Roveredo, Bassano et Mantoue, boulevart de l'Autriche en Italie, tombe entre les mains des Français. Alvinzi arrive avec une armée impériale forte de 45,000 hommes, qui est anéantie à Arcole et à Rivoli. Le pape fait la paix, et la Lombardie, transformée en république cisalpine, reçoit une constitution populaire. L'Autriche enfin se décide à envoyer contre Bonaparte son meilleur général, l'archiduc Charles, qui est battu en diverses rencontres. Si la marche des armées du Rhin eût été aussi rapide que celle du jeune lieutenant de la république, l'Autriche était envahie. Bonaparte marche sur Vienne ; il n'en était plus qu'à trente lieues lorsque fut conclue la suspension d'armes de Léoben. Cette suspension fut suivie du traité de Campo-Formio (1797), dicté par le général français. L'empereur d'Autriche abandonna ses droits sur les Pays-Bas, reconnut la république cisalpine, le Rhin devint la limite de la France.

Lafayette et ses compagnons d'infortune durent leur délivrance à la volonté du vainqueur.

Malgré tous les prodiges du génie militaire, sous l'empire, les campagnes d'Italie conservent un éclat que rien ne saurait effacer. Grand capitaine, administrateur éclairé, négociateur digne d'une grande nation, habile à gouverner les hommes, Bonaparte obtint tous les genres de gloire.

Mais en combattant sous les drapeaux de la

liberté, il nourrissait déjà des pensées de domination. Son quartier-général à Montebello était une cour où la France et l'Italie avaient, en quelque sorte, des ministres accrédités.

Bonaparte revint à Paris le 5 décembre 1797. On célébra, dans une fête nationale, la gloire des soixante-sept combats et des dix-huit batailles de la campagne d'Italie. L'enthousiasme de l'armée et du peuple pour Bonaparte se manifestait d'une manière inouïe ; sa popularité effrayait le directoire autant que la supériorité de génie dont Bonaparte avait fait preuve en Italie, soit comme guerrier soit comme homme politique et négociateur. Il fallait, à tout prix, éloigner Bonaparte, et, pour y réussir, lui offrir un projet gigantesque : la conquête de l'Egypte fut ce projet. Quoique la France fût alors en paix avec la Turquie, le directoire présenta, comme cause de cette expédition, la nécessité de tenir l'Angleterre en échec dans ses possessions de l'Inde. L'escadre principale, portant le général en chef, sort de Toulon, le 20 mai 1797, s'empare de Malte, où elle prend des renforts en vaisseaux, troupes et munitions; l'armée, forte de 36,000 hommes, débarque en Egypte, prend

Alexandrie, et, après différens engagemens, s'empare du Caire. Cette campagne, aussi célèbre dans l'Orient que dans l'Occident, par les victoires d'Alexandrie, de Ramanieh, des Pyramides, du mont Thabor, d'Aboukir, etc., fut rendue complètement stérile en résultats politiques par la défaite de la flotte française dans la rade de cette dernière ville. Mais les événemens militaires et politiques qui se succédaient en France appelèrent l'attention de Bonaparte : après avoir remis le commandement de l'armée à Kléber, il s'embarqua pour revenir en France. La fortune lui fraya un chemin au milieu des croisères anglaises, et il aborda à Fréjus le 18 vendémiaire an VII (1799). Son retour à Paris ne fut qu'un triomphe.

Tout était changé en France depuis le départ de Bonaparte ; la guerre étrangère et les discordes civiles s'étaient rallumées plus violentes et plus cruelles que jamais. Le cabinet de Pétersbourg venait de se mêler, pour la première fois, aux débats de l'Europe méridionale, et Suwarow avait menacé l'indépendance de la république. Le drapeau d'Arcole ne protégeait plus la régénération de l'Italie, et le fruit de tant d'immortelles journées, compromis par la mort de Joubert, allait être perdu sans retour. D'un autre côté, la Vendée était en feu, et les factions divisaient toutes les branches du pouvoir.

Les intrigues du royalisme étaient évidentes, et la France risquait de devenir sa proie ; le coup d'État du 18 fructidor n'avait pu réussir à éloigner tous les dangers ; le directoire, en butte aux conspirations du dehors, conspirait aussi contre lui-même. Ces dissensions ranimaient l'espoir de l'étranger, qui voyait une proie facile dans une nation déchirée de toutes parts et déchue, en même temps, de son énergie et de son enthousiasme qui l'avaient une fois sauvée. Bonaparte comprit qu'il fallait constituer l'unité de pouvoir pour sauver la patrie de ces dangers, et que, seul, il possédait le génie et la popularité nécessaires à l'homme qui tenterait d'accomplir cette mission. Convaincu de cette vérité, Bonaparte ne tarda point à s'entendre avec Siéyès et plusieurs membres du conseil des anciens pour achever la ruine du Directoire. De cette coalition naquit la journée du 18 brumaire, où Bonaparte, s'étant imprudemment aventuré dans le conseil des Cinq-Cents, faillit y voir ensevelir sa gloire présente et tout l'avenir de sa haute fortune. Accueilli par les cris répétés de : *hors la loi* ! *à bas le dictateur !* et troublé par cette tempête inattendue, il dut la vie à son frère Lucien, président du conseil des Cinq-Cents, et au député Beauvais qui, doué d'une force extraordinaire, le reçut dans ses bras et le remit aux mains de quelques grenadiers.

A peine en présence des soldats, il reprit toute sa sérénité. Son frère Lucien et lui haranguèrent les troupes, et la victoire fut assurée. C'est alors que la force armée envahit la salle, et en chassa les députés qui sortirent aux cris de *Vive la République* !

Ainsi le même homme qui, au 13 vendémiaire, avait accepté la mission de sauver la représentation nationale, lui portait une atteinte mortelle le 18 brumaire.

Quelques membres des deux conseils, qui avaient secrètement encouragé la journée de brumaire se réunissent et rédigent, sous l'influence du vainqueur, une nouvelle constitution. Les conseils sont remplacés par des commissions législatives, et le pouvoir exécutif se compose de trois consuls : Bonaparte, Siéyès et

Roger Ducos. Le projet de constitution nouvelle, péniblement élaboré par Siéyès, fut presque entièrement renversé par Bonaparte, qui, dès les premiers mots de la discussion, montra une habilité extraordinaire et une volonté absolue. On créa trois grands corps : le *tribunal*, chargé de la discussion des lois ; le *corps législatif*, proprement dit, institué pour les décréter ; enfin un *sénat conservateur*, qui eut pour mission de veiller à l'intégrité de la constitution. Le peuple, consulté, répondit par trois millions onze mille sept votes approbatifs ; il n'y eut que quinze cent soixante-deux votes refusant.

Bonaparte montra bien vite qu'il n'était pas au-dessous de l'œuvre immense dont il s'était chargé. Son génie pourvut à tous les besoins de l'époque, et la France sembla renaître de ses ruines. Il développa, d'une main habile, les ressources créées par la révolution dans la carrière des sciences et des arts. L'étalon des poids et mesures, dédié à tous les peuples et à tous les temps, fut arrêté et proclamé d'après le travail de l'Institut ; la banque de France s'établit ; les bases du code civil furent jetées ; des constructions importantes commencèrent ; la liste des émigrés se ferma ; la persécution cessa contre le sacerdoce; les troubles de la Vendée s'apaisent ; des lois d'amnistie furent décrétées ; les proscrits du 18 fructidor rentrèrent ; l'un d'eux passa de l'exil aux premières charges de l'État. Carnot reprit cette direction de la guerre dont il avait fait autrefois l'organisation de la victoire. Cependant le premier consul était impatient de relever en Italie l'éclat des armes françaises, et d'ajouter à l'ordre intérieur, qu'il venait de rendre à la république, la considération extérieure dont elle avait joui lors de la paix de Campo-Formio. Après avoir ordonné la formation d'une armée de réserve à Dijon, sous les ordres de Brune, il quitta Paris le 16 floréal (6 mai), pour aller prendre le commandement des légions qui disputaient aux Impériaux le théâtre de ses premiers exploits. Arrivé au pied des Alpes le 27, il surmonta, en peu de jours, tous les obtacles que la nature et l'ennemi lui opposaient, franchit le Saint-Bernard, occupa le mont Cenis, s'empara de Suze, du chateau de Brunette, du fort de Bard et de la citadelle d'Ivrée, battit les Autrichiens à Romano et à Montebello, et délivra enfin, une seconde fois, la péninsule Italique du joug de la maison de Lorraine dans l'immortelle journée de Marengo (14 jiun). Le général Mélas perdit 40,000 hommes dans cette bataille. L'Autriche, contrainte à la paix, évacua le Piémont et céda la Lombardie. Une *consulta*, réunie à Milan, s'occupa de réorganiser la république cisalpine. Il n'avait fallu qu'un mois à Bonaparte pour donner à cette campagne d'aussi vastes et d'aussi brillants résultats.

Une autre armée, sous le commandement de Moreau, gagnait la bataille d'Hochstedt, et l'Autriche paraissait disposée à recevoir des propositions de paix. Une convention provisoire, qui restituait à la France ce qu'elle avait perdu depuis quinze mois, suspendit la guerre pendant quelque temps.

Les royalistes, perdant alors tout espoir de renouer leurs intrigues avec succès, résolurent de recourir à l'assassinat pour se délivrer de l'homme dont le gouvernement habile ramenait la France dans les voies de la grandeur et de la prospérité. L'explosion d'une *machine infernale* fut préparée ; le 24 décembre, vers sept heures du soir, elle éclata au moment où le premier consul allait à l'Opéra : sa voiture fut manquée de deux secondes. Cinquante-six personnes furent blessées, et vingt-deux tuées.

Bonaparte continua à réaliser ses immenses projets et à jeter sur son administration un éclat immortel ; il avait rétabli, à la fin de nivôse, la compagnie d'Afrique, et chargé le général Turreau de confectionner la belle route du Simplon. Le 13 ventôse (4 mars), après la conclusion du traité de Lunéville, qui confirmait les clauses stipulées à Campo-Formio, il ordonna, pour les derniers jours de l'année républicaine, une exposition des produits de l'industrie nationale. Le 28 du même mois, de nouvelles combinaisons diplomatiques, arrêtées entre la France et l'Espagne, donnèrent à la république le duché de Parme, dont le souverain reçut en échange la Toscane. Le 7 germinal (28 mars), la paix fut signée avec le roi des Deux-Siciles, et l'île d'Elbe ainsi que la principauté de Piombino furent cédées à la France.

Un concordat avec le pape fut signé. Le 26 fructidor suivant, la France et la Bavière redevinrent amies; le 12, les débris glorieux de l'expédition d'Egypte évacuèrent le sol africain, et la réconciliation des cabinets de Paris et de Lisbonne ouvrit la dixième année républicaine par le traité de Madrid. Bientôt les dispositions hostiles de la Russie, de la Porte Ottomane et de l'Angleterre, à l'égard de la république, firent place à des dispositions pacifiques, et, le 4 germinal (24 mars 1802), le traité d'Amiens, désarmant les puissances dont l'opiniâtreté avait repoussé jusque-là toute transaction avec la révolution française, fit jouir les nations européennes des bienfaits d'une paix générale. La reconnaissance nationale pour l'homme qui avait si bien usé du pouvoir que le peuple avait remis entre ses mains lui décerna le titre de *consul à vie*. Trois millions cinq cent soixante-huit mille huit cent quatre-vingt-huit votes sur trois millions cinq cent soixante-dix-sept mille deux cent cinquante-neuf votans confirmèrent la décision des conseils.

La paix ne fut pas de longue durée, grâce à la duplicité de l'Angleterre. Deux bâtimens français furent capturés par les Anglais avant toute déclaration de guerre, et, en représailles, Bonaparte déclara prisonniers tous les Anglais de dix-huit à soixante ans qui se trouvaient en France, comme otages des Français pris contre le droit des gens. En même temps le Hanovre fut occupé par les Français, qui firent prisonnière l'armée anglaise, dont le général en chef, le duc de Cambridge, n'évita le même sort que par la fuite. Le 3 messidor, Bonaparte quitta Paris, visita la Belgique, ordonna la construction d'un canal de jonction entre le Rhin, la Meuse et l'Escaut, et rentra aux Tuileries le 26 thermidor. L'Angleterre, se servant habilement des prétentions de la maison de Bourbon, s'adressa encore une fois aux passions mal éteintes qu'elle avait soldées pendant la révolution pour déchirer la France. Georges Cadoudal s'associa à Pichegru et à Moreau pour exécuter cette conspiration. Georges fut arrêté, convaincu et mis à mort; Pichegru s'étrangla dans sa prison; Moreau fut banni, d'autres conjurés, tels que Rivière et les deux frères Armand et *Jules de Polignac*, condamnés à mort, obtinrent leur grâce par l'entremise de Joséphine. « Je puis pardonner à votre mari dit Bonaparte à l'épouse d'Armand de Polignac car c'est à ma vie qu'on en voulait. » Cet attentat avait ému toute la France, et on vit que, sans institutions qui fussent des garanties pour l'avenir, la tranquillité et la grandeur du pays ne reposaient que sur le génie d'un seul homme.

La fondation de la Légion d'honneur, établissant une hiérarchie de récompenses nationales, fut le dernier acte du consulat. Bonaparte, profitant habilement des nombreux témoignages d'affection qui éclataient en sa faveur pour franchir le dernier pas qui le séparait du pouvoir souverain laissa le tribun Curée proposer de le nommer empereur, et de fixer l'hérédité dans sa famille. Sa proposition fut adoptée à l'unanimité, moins une voix ; elle passa avec enthousiasme au corps législatif, et, le 18 mai 1804, un sénatus-consulte organique réforma la constitution de l'an VII. Napoléon répondit à Cambacérès, qui le lui présenta à la tête du sénat : « Tout ce qui peut contribuer au bien de la patrie est essentiellement lié à mon bonheur; j'accepte le titre que vous croyez utile à la gloire de la nation. Je soumets à la sanction du peuple la loi sur l'hérédité; j'espère que la France ne se repentira jamais des honneurs dont elle environnera ma famille. Dans tous les cas, mon esprit ne sera plus avec ma postérité le jour où elle cesserait de mériter l'estime de la grande nation. »

Ce nouveau titre décerné à Napoléon fut

ratifié par le suffrage du peuple. Sur trois millions cinq cent vingt-quatre mille deux cent cinquante-quatre votans, il n'y eut que deux-mille cinq-cent soixante et dix-neuf opposans : que deviennent devant ces chiffres les accusations d'usurpation dirigées contre l'empereur? Tous ses titres lui furent décernés par plus de trois millions de votes; la constitution de 93, celle qui avait réuni le plus de suffrages, n'en avait obtenu que dix-huit cent mille.

Le 2 décembre, Napoléon et l'impératrice Joséphine furent sacrés à Notre-Dame par le pape Pie VII.

L'Angleterre, cette ennemie infatigable de la France, travaillait à former une nouvelle coalition continentale. L'empereur, pour qui la victoire n'avait jamais été infidèle, s'honora encore par les efforts qu'il fit pour conserver la paix; il écrivit lui-même au roi de la Grande-Bretagne pour lui faire des ouvertures pacifiques... « Je n'attache pas de déshonneur, dit-il, à faire les premiers pas... J'ai assez, je pense, prouvé au monde que je ne redoute aucune des chances de la guerre..: La paix est le vœu de mon cœur, mais jamais la guerre n'a été contraire à ma gloire... Je conjure Votre Majesté de ne pas se refuser au bonheur du monde... Une coalition ne fera jamais qu'accroître la prépondérance et la grandeur continentales de la France.» Ces ouvertures n'eurent pas de suite : des deux côtés on se prépara à la guerre. Napoléon visita la flottille de Boulogne, les ports et les places fortes du Nord : ce voyage fut pour lui une marche triomphale : il songea à se donner alors de nouveaux alliés. Le 12 janvier 1805 il signa avec l'Espagne la convention d'Aranjuez, par laquelle cette puissance s'engageait à fournir trente vaisseaux et cinquante mille hommes de débarquement. D'un autre côté, l'enthousiasme que Napoléon avait excité en Italie engagea les peuples de cette péninsule à lui offrir la couronne de fer des anciens rois lombards. Le voyage d'Italie ne pouvait être qu'une longue ovation. A Marengo, Bonaparte, reprenant l'uniforme de l'ancien général républicain, posa la première pierre du monument élevé à la mémoire des braves qu'avait engloutis cette périlleuse victoire ; le 8 mai il fit son entrée à Milan. Le 26, eut lieu le couronnement, Napoléon saisit hardiment cette couronne de fer qu'avait portée Charlemagne, et s'écria en la posant sur sa tête : « Dieu me la donne, gare à qui la touche ! »

Le 8 avril 1805, l'empereur de Russie, Alexandre, signa un traité avec l'Angleterre et détermina le sultan à refuser de reconnaître Napoléon. L'Autriche signala son accession à la nouvelle coalition en envahissant la Bavière avec quatre-vingt mille hommes commandés par l'archiduc Ferdinand, tandis que trente mille, sous les ordres de l'archiduc Jean, occupaient les positions avantageuses du Tyrol, et que le prince Charles s'avançait sur l'Adige à la tête de cent mille combattans. Napoléon, instruit de ces divers mouvements, ordonna aussitôt la réorganisation des gardes nationales, et fit décréter par le sénat une levée de quatre-vingt mille conscrits. Après avoir visité encore une fois le camp de Boulogne et sans cesser de menacer l'Angleterre d'une descente, il dirigea néanmoins avec célérité ses intrépides phalanges vers le Rhin, et passa ce fleuve.

La troisième coalition ne fut pas plus heureuse que les précédentes. En quelques jours la Bavière est délivrée. Le général Mack rend les armes dans Ulm, avec trente mille hommes, et laisse au pouvoir des vainqueurs trois mille chevaux et quatre-vingts pièces de canon attelées. Le lendemain de cette capitulation, qui frappa d'étonnement les peuples et les rois de l'Europe, l'empereur, apprenant que les Russes accourent au secours de l'Autriche, adresse à ses soldats un ordre du jour qui semble présager l'issue terrible et glorieuse de cette guerre. « Soldats de la grande armée, leur dit-il, nous avons fait une campagne en quinze jours vous ne vous arrêterez pas là. Cette armée russe, que l'or de l'Angleterre a transportée des extrémités de l'univers, nous allons l'exterminer. » Et de nouveaux succès justifient aussitôt cette assurance si puissante sur l'esprit du soldat. L'archiduc Ferdinand perd, à Nuremberg, seize mille hommes, cinquante canons et quinze cents caissons. La victoire, fidèle au vieux drapeau de la république, s'attache à l'aigle de l'empire dans les champs de Lowers, d'Amsteten, de Marienzel de Prasslin, de Lintz et d'Inspruck; et tandis que Masséna, franchissant la Piave et l'Isonzo, met les Autrichiens en déroute à Castel-Franco, Napoléon, qui s'est porté à la rencontre des Russes, les culbute sur plusieurs points, les chasse devant lui, et, le 13 novembre, fait son entrée triomphale dans la capitale de l'Autriche, que son souverain a évacuée depuis quelques jours, pour se réfugier en Moravie, avec les débris de son armée, auprès de l'empereur Alexandre. Napoléon ne séjourna pas longtemps à Vienne; attaché à la poursuite de ses ennemis, il les atteignit encore à Brunn, dont il s'empara, et prit position, le 19 novembre, à Wischau. L'empereur de Russie, trompé par un mouvement de retraite simulée, s'imagina que l'ardeur victorieuse des Français s'était ralentie à l'aspect d'une armée de cent mille hommes, commandée par deux empereurs, ayant sous leurs ordres des généraux habiles. Ce n'était qu'une manœvre adroite qui valut à Napoléon l'un des plus beaux triomphes dont les fastes militaires d'aucun peuple aient retracé le souvenir. Le 11 frimaire (3 décembre), l'empereur des Français célébra l'anniversaire de son couronnement, dans les champs d'Austerlitz, par la déroute complète des armées combinées de la Russie et de l'Autriche. Quarante drapeaux, deux cents pièces de canon et trente mille hommes restèrent au pouvoir du vainqueur; les alliés de l'Angle terre perdirent en outre, dans cette journée, douze généraux et quarante mille hommes, dont la plus grande partie fut noyée dans les étangs ou engloutie dans les lacs, sous la glace que le poids énorme de l'artillerie et des bagages avait fait rompre. Cependant les vaincus d'Austerlitz, poursuivis à outrance, allaient subir l'extermination dont Napoléon les avait menacés après la délivrance de la Bavière; il ne leur restait qu'à implorer la générosité du vainqueur, car telle etait leur position, que les empereurs Alexandre et François couraient eux-mêmes le danger de tomber entre ses mains. L'empereur d'Autriche, sacrifiant alors l'orgueil de la royauté au salut de son empire, consentit à se rendre au quartier-général des Français pour demander lui-même un armistice : leur entrevue dura deux heures, et se termina par la promesse d'une trève. Quelques jours après, le 26 décembre, la paix fut signée à Presbourg par les plénipotentiaires de la France et de l'Autriche. Ce traité reconnut Napoléon en qualité de roi d'Italie, réunit Venise et la Dalmatie à la Lombardie, incorpora la Toscane, Parme et Plaisance à l'empire français, et éleva les électeurs de Bavière et de Vurtemberg à la dignité royale. La Prusse intervint dans la paix de Presbourg pour céder le grand-duché de Berg à Murat, la principauté de Neufchâtel à Berthier, le margravait d'Anspach à la Bavière, et pour recevoir en échange l'électorat de Hanovre.

La nouvelle de la défaite de la flotte franco-espagnole à Trafalgar fait prendre à Napoléon une nouvelle résolution. Pour ruiner l'Angleterre, il ferme tous les ports de l'Europe. Le roi de Naples ayant ouvert les siens aux Anglais, l'empereur envoya Masséna et Gouvion-Saint-Cyr conquérir le royaume de Naples; cette conquête achevée, il nomma son frère Joseph roi de Naples, et son fils adoptif, Eugène Beauharnais, vice-roi d'Italie. Les Etats de Hollande demandèrent bientôt un roi à Napoléon, et Louis Bonaparte alla régner à Amsterdam. L'empereur alors créa la confédération du Rhin, et en fut nommé protecteur.

Alexandre fit la paix avec la France par un traité qui fut conclu à Paris le 20 juillet; et François II, renonçant, le 6 août, à la couronne impériale d'Allemagne, remit lui-même le sceptre de l'empire germanique au protecteur des

Etats confédérés. Le roi de Prusse, comme atteint de folie, se charge de protester seul contre l'agrandissement de l'empire, et somme les vainqueurs de l'Europe d'évacuer le territoire de la confédération. Napoléon dirige ses armées sur l'Elbe. Cette campagne, glorieuse imitation des précédentes, décida en effet des destinées de la Prusse en moins de temps qu'il n'en avait fallu, un an auparavant, pour délivrer la Bavière : ouverte, le 7 octobre, par les corps de Murat, de Bernadotte et de Davoust, elle fut illustrée à Austaed, Schelitz, Saalfeld, en divers combats, dont le dernier coûta la vie au prince Louis de Prusse, et elle se termina, le 14, par la bataille d'Iéna, où l'armée prussienne fut anéantie, et le sort de la maison de Brandebourg livré, après une guerre de sept jours, à l'homme qui avait donné un roi à la Hollande, détrôné les Bourbons de Naples, et chassé la maison de Lorraine de l'Italie et de l'Allemagne. Le 27, Napoléon entra triomphant à Berlin. C'est de Posen, le 2 décembre, qu'il décréta qu'il serait élevé, sur l'emplacement de la Madeleine, un monument dédié à nos braves, avec cette inscription : « L'empereur Napoléon aux soldats de la grande armée.

Cependant les Russes accouraient au secours des Prussiens ; mais, comme en 1805, ils ne parurent qu'après l'anéantissement de leurs alliés. Napoléon se mit en marche et arriva, le 19, à Varsovie, après avoir élevé l'électeur de Saxe à la dignité royale par un traité signé, le 13, à Posen. Quatre jours après son entrée à Varsovie, les Français atteignirent les Russes et les battirent successivement à Czarnovo (le 23 décembre), à Nasielsk (le 26), à Pulstausk et à Golymin (le 20), à Mobringen (le 26 janvier 1807), à Berygfried (le 3 février), et à Roff (le 7). Mais ces divers combats ne servirent que de prélude à l'une des plus sanglantes batailles dont les annales de la guerre fassent mention. Le 9 février, sept mille Russes et dix mille Français tombèrent sur le plateau d'Eylau. Les deux camps s'attribuèrent la victoire, et des actions de grâces furent ordonnées par Alexandre pour ses succès en une journée où il avait laissé quinze mille prisonniers, quarante pièces de canon et seize drapeaux entre les mains de ses ennemis. Napoléon avait dirigé le maréchal Lefebvre sur Dantzick ; cette place importante, pressée vigoureusement par la valeur française, capitula le 26 mai. L'empereur s'y rendit le 1er juin, et vint de là présenter de nouveau le combat aux Russes, qui, défaits les 5 et 6 du même mois à Spanden et à Domitten, furent définitivement écrasés, le 14, à Friedland. Alexandre y perdit soixante mille hommes, tués, blessés ou prisonniers. Contraint dès lors de revenir à des sentimens pacifiques, il signa, le 20, un armistice avec Napoléon. Des négociations s'ouvrirent, en effet, à Tilsitt, pendant lesquelles eurent lieu la fameuse entrevue des deux empereurs, sur un radeau dont on avait fait une île flottante au milieu du Niémen. Par le traité de paix qui fut signé le 7 juillet, le roi de Prusse recouvra, en effet, sa couronne et la possession de ses Etats, dont on détacha seulement la partie polonaise donnée au roi de Saxe, sous le titre de grand-duché de Varsovie, ainsi que les provinces situées sur la rive gauche de l'Elbe, qui furent réunies au royaume de Westphalie, en faveur de Jérôme Bonaparte, nouveau roi napoléonien, à l'avénement duquel les souverains du Nord furent obligés de consentir, comme ils reconnurent l'élévation de ses frères, Joseph et Louis, aux trônes de Naples et de Hollande. Le 27, Napoléon était de retour à St-Cloud.

Il n'y avait plus que le Portugal dans toute l'Europe où la puissance anglaise pût conserver quelque accès. C'était trop que cette unique trouée au vaste réseau de douanes dont l'empereur l'avait entourée; il dut songer à la lui fermer. La guerre fut déclarée, le 24 novembre, Junot arrive à Abrantès, le 29 le prince régent du Portugal s'embarque pour le Brésil, et dès le 1er décembre, Lisbonne est occupée par les Français.

L'année 1808 venait de s'ouvrir par une amélioration importante dans nos institutions civiles. Le code de commerce était en vigueur depuis le 1er janvier, et agrandissait le cadre de cette législation nouvelle, qui avait annoncé de si vastes résultats à la France lors de la promulgation du code immortel qui seul eût suffi pour illustrer un règne, et dans la discussion duquel Napoléon s'était montré si grand orateur,

Les intrigues de l'Angleterre s'étaient tournées vers l'Espagne et avaient réussi à soulever les Espagnols contre leur monarque, à cause de son amitié pour la France, et l'odieux Ferdinand arracha l'abdication de son père. Napoléon résolut de soustraire l'Espagne à l'influence de l'Angleterre, et le succès de son entreprise devait entraîner la ruine de la Grande-Bretagne. L'Espagne fut envahie, et Napoléon appela son frère Joseph à occuper ce trône; Murat reçut en même temps de l'empereur la couronne de Naples. C'est en vain que, pour s'attacher le peuple espagnol et le sortir de l'ornière où l'avaient tenu ses rois et ses prêtres, Joseph abolit l'inquisition, les droits féodaux, les redevances personnelles et tous les droits exclusifs; c'est en vain que le nombre des couvens existant fut réduit au tiers, que les barrières de province à province furent supprimées et les douanes transportées aux frontières. Le fanatisme, fermenté par les moines et l'or des Anglais, entretint la péninsule dans une guerre continuelle; une armée anglaise vint faire de l'Espagne son champ de bataille contre la France. Les sanglantes victoires que Napoléon remporta furent infructueuses, et l'Espagne ne fut jamais complètement soumise.

Le cabinet de Londres suscita encore à l'empereur une guerre dans le Nord. Le monarque autrichien fit d'immenses préparatifs militaires. Napoléon se hâta de venir à Paris le 23 janvier

1809. Les Autrichiens s'étaient mis en mouvement le 1er avril ; le 9, leurs généraux avaient signalé par des proclamations l'ouverture et le but de la campagne ; le 10, le territoire bavarois était envahi ; le 14, le sénat français avait répondu à l'appel du trône, et le 17 Napoléon se trouvait à Donawerth, au milieu de son armée. Dès le 20 et le 21, la bataille de Tann et d'Abensberg, et les combats de Peyssing et de Landshut avaient ouvert la campagne de manière à en présager la fin ; l'armée autrichienne avait déjà perdu trente mille hommes. Le 22, les Français obtinrent à Eckmuhl de nouveaux avantages ; vingt mille prisonniers, quinze drapeaux et la plus grande partie de l'artillerie ennemie restèrent en leur pouvoir. Le 23, une affaire brillante, où Napoléon fut légèrement blessé au talon, acheva de décider, devant Ratisbonne de la déroute du prince Charles et la délivrance des États de Bavière. Le 27, la Bavière et le Palatinat étaient évacués. Six jours après, le 3 mai, une division française de sept mille hommes chassait trente-cinq mille Autrichiens de la superbe position d'Ebersberg, et le 10, à 9 heures du matin, l'empereur était arrivé sous les murs de Vienne. Le 13, Napoléon entra triomphant, pour la seconde fois, dans la capitale de l'Autriche. Les Autrichiens s'étaient retirés sur la rive gauche du Danube, et présentaient encore une armée de plus de cent mille hommes, sous les ordres du prince Charles. Napoléon se mit à leur poursuite et les atteignit le 21 à Essling ; un combat opiniâtre s'y engagea et laissa la victoire indécise entre les deux camps. Dans les premiers jours de juillet, les Français passèrent le Danube. Le 5, la bataille d'Enzersdorf, gagnée par l'armée française, présagea et prépara la célèbre victoire de Wagram, remportée le 7, par Napoléon, sur l'archiduc Charles. Les Autrichiens laissèrent quatre mille morts, neuf mille blessés sur le champ de bataille, et vingt mille prisonniers, dix drapeaux et quarante pièces de canon entre les mains du vainqueur. Le 12, une suspension d'armes fut conclue à Znaïm, et les conférences pour la paix commencèrent aussitôt ; elles durèrent trois mois, pendant lesquels Napoléon habita Schœmbrun, d'où il rendit plusieurs décrets importans sur des matières de police intérieure, et s'occupa à récompenser ses illustres compagnons d'armes. Un traité de paix fut signé le 15 octobre. L'Autriche céda à la France tous les pays situés à la droite de la Save, le cercle de Goritz, le territoire de Montefalcone, Trieste, la Carniole et le cercle de Villach; elle reconnut la réunion des provinces Illyriennes à l'empire français, ainsi que toute future incorporation que la conquête ou les combinaisons diplomatiques pourraient amener tant en Italie qu'en Portugal et en Espagne, et déclara renoncer irrévocablement à l'alliance de l'Angleterre pour entrer franchement dans le système continental.

Au milieu de tant de gloire et de grandeur, une douleur profonde torturait le cœur de Napoléon. L'âge de l'impératrice Joséphine ne lui permettait plus d'espérer qu'elle le rendît père. Son divorce fut arrêté; et Eugène lui-même prépara sa mère à ce cruel sacrifice, qui se consomma au milieu des scènes les plus déchirantes pour l'empereur. C'est sur la fille de l'empereur d'Autriche, l'archiduchesse Marie-Louise, que Napoléon avait arrêté son choix: Berthier l'épouse par procuration le 11 mars. Le 13, la princesse quitta Vienne, et le 16, elle fut reçue en France par la reine de Naples, avec le pompeux cérémonial que Napoléon lui-même prit le soin de dicter : il s'était occupé également de celui de leur entrevue ; mais son impatience rompit l'étiquette ; il courut furtivement au-devant d'elle, accompagné de Murat, et vêtu simplement de la redingote grise de Wagram, arrêta la voiture au relais de Courselles, et y monta brusquement.

Le 1er avril, le mariage fut prononcé par l'archichancelier, en présence de toute la cour. Le 31, l'empereur et l'impératrice firent leur entrée solennelle à Paris. Le cardinal Fesch leur donna la bénédiction nuptiale. Jamais fête n'offrit tant de magnificence ; elle était célébrée par toute une cour de rois.

Le 20 mars de l'année suivante, Marie-Louise ressentit les douleurs de l'enfantement ; l'accouchement ne se fit pas sans danger. Bonaparte répondit au chirurgien Dubois, qui était venu le consulter : « Ne pensez qu'à la mère. » A force de soins, l'enfant fut mis au monde ; mais ce ne fut qu'après six minutes qu'il donna signe de vie et respira. Transporté de joie, l'empereur, ouvrant la porte du salon où l'on attendait comme les destinées de la France, s'écria : *C'est un roi de Rome!* Cent un coups de canon annoncèrent la naissance de Napoléon II.

En 1811, la France était composée de cinquante millions de sujets, et divisée en cent trente départemens ; ces proportions colossales, qui détruisaient l'heureux système de balance et de pondération que les traités d'Utrecht et de Westphalie avaient établi en Europe, et le blocus continental qui froissait les intérêts politiques et commerciaux des autres puissances, devaient entraîner une terrible réaction... La naissance du roi de Rome avait mis le comble à l'ivresse de l'empereur, en assurant un héritier à sa couronne. Mais le moment d'un fatal retour de la fortune n'était pas loin : la Russie se détache la première du blocus continental, et ouvre ses ports aux Anglais ; la Suède suit son exemple, et en quelques mois l'Europe tout entière se lève comme un seul homme. La guerre est déclarée à la Russie le 22 juin 1812. Le 9 mai, l'empereur était parti de Paris pour se rendre en Pologne, sous le prétexte d'inspecter la grande armée, réunie sur les bords de la Vistule. Ses efforts pour conserver la paix ayant été infructueux, l'armée française franchit le Niémen dans les journées des 23, 24 et 25 juin. Le 28, Napoléon entra à Wilna, et y établit un gouvernement provisoire, pendant qu'une diète se réunissait à Varsovie pour s'occuper de reconstituer la Pologne. Après avoir séjourné quelques jours à Wilna, il quitta cette ville pour se rendre à Wistepsk, où il arriva dans les derniers jours de juillet; il se dirigea ensuite sur Smolensk. Le 14 août, il battit les Russes à Krasnoë, les chassa, le 18, de Smolensk, qui fut livrée aux flammes par les Russes; distribua des récompenses aux braves qui avaient triomphé sur le champ de bataille de Valentino; s'empara, le 30, de Viazma, dont l'ennemi avait détruit les magasins, et préluda, le 5 septembre, par une attaque vive de l'aile droite de l'armée russe, à la sanglante bataille de la Moscowa, qui fut donnée le 7. Les Russes perdirent près de cinquante mille hommes en cette sanglante journée; quarante de leurs généraux y furent tués ou blessés. L'armée française entra, le 14 septembre, dans l'ancienne capitale des czars, que l'armée et la population russes avaient abandonnée. Le gouverneur Rostopchin n'avait laissé dans Moscou que quelques misérables incendiaires chargés de la réduire en cendres. Un système de défense pareil obligea Napoléon à songer à la retraite. Le 15 octobre, le mouvement rétrograde commença. Le 22, Napoléon sortit de Moscou, et, le 23, le Kremlin sauta par ses ordres. Jusqu'au 7 novembre, la retraite s'opéra sans revers et sans désordre; mais l'hiver s'étant annoncé, ce jour-là, par un froid de plus de 20 degrés, les chemins devinrent presque impraticables pour les équipages, et cette armée, si belle le 6, se trouva, dès le 14, sans cavalerie, sans artillerie, sans transports. Il serait trop douloureux de raconter les calamités qui, dès ce jour, vinrent fondre sur la grande armée. Malgré toute la bravoure de nos soldats, ils devaient être vaincus par la famine et la rigueur excessive d'un hiver prématuré.

Le premier résultat politique d'un si grand revers fut la défection de la Prusse. Le 5 décembre 1812, Napoléon apprend que le général Mallet a failli réussir à Paris dans une conspiration qui avait pour but de le détrôner; il quitte son armée, arrive à Paris, où il apporte lui-même la terrible nouvelle de ses désastres. Profitant de tous les instants, il prépare une nouvelle armée, et vole en Allemagne, où il rejoint le prince Eugène qui, après la défection des Autrichiens, des Prussiens, de Bernadotte et de Murat lui-même, venait de prendre le commandement des débris de l'armée de Russie.

Parti de Paris le 15 avril 1813, après avoir obtenu du sénat une nouvelle levée de cent quatre-vingt mille hommes, parmi lesquels dix mille gardes d'honneur, il rencontra, le 2 mai, à Lutzen, l'armée combinée des Russes et des Prussiens, et remporta sur elle une victoire complète. De nouveaux combats amenèrent bientôt de nouveaux triomphes pour nos jeunes soldats. Vainqueurs à Bautzen et à Wurtzen, ils poursuivent l'ennemi jusqu'à Reichenbach. Par l'intervention de l'Autriche, un armistice fut signé, le 4 juin, à Reidnitz : mais cette trève ne servit qu'à donner aux coalisés le temps de rassembler leurs forces et de détacher d'autres cabinets de l'alliance de la France. L'Autriche entra dans la nouvelle coalition : la Suède, où Napoléon avait envoyé régner Bernadotte, et qui jusqu'alors avait été dans un état d'hostilité purement négative, envoya ses armées sur l'Elbe. La reprise des hostilités fut signalée, le 27 août, par la célèbre bataille de Dresde, à laquelle assistèrent les souverains alliés. Les ennemis de la France étaient dirigés sur cette capitale par un Français accouru de l'Amérique en Europe pour combattre un drapeau qu'il avait illustré. Le général Moreau tomba sous le premier coup de canon tiré par la garde impériale, et l'armée qu'il avait conduite sous les murs de Dresde, pour y surprendre le maréchal Gouvion, Saint-Cyr, trompée par la diligence de l'empereur, fut contrainte de regagner précipitamment la Bohême, après avoir perdu, en deux jours, soixante mille hommes, quarante drapeaux et soixante pièces de canon.

Malgré ces victoires, la défection inattendue de la Bavière décida Napoléon à revenir sur le Rhin. L'armée reprit la route de France, et rencontra les troupes alliées à Nachau et à Leipzig. Deux batailles sanglantes eurent lieu, dans lesquelles la victoire restait incontestablement aux Français, lorsque l'armée saxonne, infanterie, cavalerie et artillerie, et la cavalerie wurtembergeoise passèrent tout entières à l'ennemi. Napoléon, hâtant sa retraite, arrive, le 30 octobre, à Wanan, où il passe sur le ventre des Bavarois. Le 7 novembre, toute l'armée française acheva de passer le Rhin, et, le 9, Paris revit l'empereur.

Les revers multipliés de l'armée d'Espagne viennent aggraver tant de maux, et augmenter l'audace de la coalition. Marmont a perdu la bataille des Arapyles, et Jourdan celle de Vittoria. Ces deux défaites nous enlèvent l'Espagne.

Le 31 décembre 1813, les armées coalisées franchirent le Rhin sur plusieurs points à la fois, en même temps qu'elles débouchaient par la Suisse, dont elles venaient de violer la neutralité; elles envahirent la Franche-Comté, la Bourgogne, l'Alsace et la Lorraine. Toutes leurs forces convergeaient sur la Champagne; elles présentaient un effectif de plus de quatre cent mille hommes: l'armée française en comptait à peine soixante mille.

Napoléon grandit au milieu du danger qui devient chaque jour plus imminent. Il lève trois cent mille hommes, et recommence la campagne malgré les représentations hostiles du corps législatif, qui, pour la première fois, ose lui faire entendre le langage sévère de la vérité. La nouvelle armée compose les dernières ressources militaires de la nation. Marie-Louise est déclarée régente le 25 janvier, et la défense de Paris confiée au faible Joseph. L'empereur ouvrit la campagne par les combats de Saint-Dizier de Brienne et de la Rorhière. En même temps un congrès s'ouvre à Châtillon, et discute les préliminaires des la paix. Napoléon retrouve, en face de l'ennemi, et montre dans cette campagne qui allait décider du sort de la France, une profondeur de combinaisons et une audace qui rappelaient l'immortelle conquête d'Italie Il attaque les Prussiens à Champaubert, à Monmirail, à Château-Thierry, et remporte trois victoires signalées ; il atteint plus tard les Autrichiens à Montereau, et compte un succès de plus : s'il eût été secondé par ses lieutenants, non seulement la France était sauvée, mais encore une ruine inévitable menaçait les Alliés. Alors comptant sur l'influence de ses triomphes pour empêcher les Alliés de marcher sur Paris, Napoléon se porte sur les derrières de la grande armée autrichienne pour lui couper la retraite. Les étrangers apprennent ce mouvement, et s'avancent sur la capitale où ils étaient appelés par d'indignes Français. Joseph, malgré une glorieuse bataille livrée sous les murs de la capitale, a déserté son poste et s'est retiré à Blois avec la régente. L'ennemi fait son entrée à Paris, le 31 mars. Napoléon, qui n'était plus qu'à cinq lieues de Paris, rétrograde vers Fontainebleau ; il y apprend que le sénat a décrété sa déchéance. Se voyant ainsi trahi par la fortune, et ne trouvant plus autour de lui ni zèle ni fidélité, il se résout à abdiquer en faveur de son fils, et envoie Ney, Macdonald, Marmont et Caulaincourt, pour traiter avec les alliés à Paris.

La défection de Marmont, qui abandonne la position d'Essonne, met le comble au désastre, et ruine les dernières espérances de l'empereur.

Les alliés appellent au trône Louis Stanislas-Xavier, sous le nom de Louis XVIII, et veulent l'abdication absolue et sans condition de Napoléon.

Toujours dévoué à son pays, Napoléon la signa en ces termes :

« Les puissances alliées ayant déclaré que l'em-
« pereur Napoléon était le seul obstacle au ré-
« tablissement de la paix en Europe, l'empe-

« reur, fidèle à son serment, déclare qu'il re-
« nonce, pour lui et ses enfants, au trône de
« France et d'Italie, et qu'il n'est aucun sacri-
« fice, même celui de la vie, qu'il ne soit prêt
« à faire aux intérêts de la France. »

On raconte que la trahison de Marmont, duc de Raguse, dont il avait dit : « *C'est mon enfant élevé sous la tente* », et le lâche abandon du plus grand nombre de ses officiers, produisirent sur l'empereur une si profonde impression de désespoir, qu'il avala du poison, selon les uns, pour se délivrer d'une vie qui lui était en horreur, selon d'autres, pour se soustraire à l'obligation de signer sa déchéance et celle de sa dynastie. Le poison ne produisit d'autre effet qu'un long assoupissement. A son réveil, il resta quelques instants pensif, comme étonné de vivre, et s'écria : « Dieu ne le veut pas. »

Il consentit alors à signer son abdication et celui de sa postérité. Le 20 avril, il fit ses adieux à sa garde : « Soldats, leur dit-il, soldats
« de ma vieille garde, je vous fais mes adieux:
« Depuis vingt ans je vous ai constamment trou-
« vés sur le chemin de l'honneur et de la gloire.
« Dans ces derniers temps, comme dans ceux

« de notre prospérité, vous n'avez cessé d'être « des modèles de bravoure et de fidélité. Avec « des hommes tels que vous, notre cause n'é« tait pas perdue; mais la guerre était intermi« nable; c'eût été la guerre civile, et la France « n'en serait que plus malheureuse : j'ai donc « sacrifié tous nos intérêts à ceux de la patrie; « je pars : vous, mes amis, continuez à servir « la France; son bonheur était mon unique pen« sée, il sera toujours l'objet de mes vœux! ne « plaignez pas mon sort : si j'ai consenti à vous « survivre, c'est pour servir encore à votre gloi« re; je veux écrire les grandes choses que nous « avons faites ensemble!... Adieu, mes enfants! « je voudrais vous presser tous sur mon cœur; « que j'embrasse au moins votre drapeau. »

A ces mots l'aigle s'abaisse devant Napoléon, qui tient le drapeau quelques instants serré contre son sein. A ce mouvement, on voit tous les vieux soldats pleurer et sanglotter, l'empereur est profondément ému; il fait un effort, et termine en ces mots : « Adieu encore une fois, « mes vieux compagnons! que ce dernier baiser « passe dans vos cœurs. »

Napoléon partit immédiatement pour l'île

d'Elbe dont le traité de Fontainebleau lui assurait la souveraineté.

Le comte d'Artois précéda son frère à Paris, et y fit son entrée en qualité de lieutenant-général du royaume. Il donna le premier signal d'une imprudente réaction contre un passé glorieux, en remplaçant le drapeau tricolore par le drapeau blanc de l'ancienne monarchie.

Louis XVIII, sans vouloir accepter la constitution que le sénat lui présentait au nom de la nation, publia une déclaration datée de Saint-Ouen, par laquelle il adoptait les principales clauses de l'acte sénatorial. C'est le 3 mai 1814 qu'il fit son entrée à Paris, escorté par la vieille garde, silencieuse et consternée.

Le premier ministère de la restauration inspira les plus vives alarmes aux amis de la révolution.

Le 30 mai, une paix définitive fut conclue entre la France et les alliés. Par ce traité, la France rentrait dans ses anciennes limites et rendait toutes ses conquêtes.

La bataille de Toulouse, livrée avec succès par le maréchal Soult au duc de Wellington, sous les murs de Toulouse, n'amena aucune modification dans les dispositions des alliés à notre égard.

Après la ratification des traités de Paris, les alliés évacuèrent le territoire français.

Les fautes graves de la nouvelle administration suscitèrent des partis dangereux qui se ramifiaient dans les départements et entretenaient une sourde irritation.

Dans cet intervalle, le congrès de Vienne s'était assemblé, et la Russie, l'Autriche et la Prusse se partageaient l'Europe à leur gré, mais la présence seule de l'empereur dans le voisinage de la France était un sujet de frayeur pour les rois. En apprenant qu'on avait mis en question sa translation à Sainte-Hélène, et que des vainqueurs d'un jour, envers lesquels il s'était montré si généreux après tant de batailles si décisives, avaient peut-être déjà résolu de l'ensevelir vivant dans les mers du tropique, Napoléon hésita d'autant moins à prévenir le coup qui le menaçait, que les journaux et toutes les nouvelles venues de France lui avaient révélé un grand mécontentement national. Il fit embarquer, dès le 26 février 1815, six cents hommes de sa garde sur un brick de vingt-six canons; tandis que deux cents hommes d'infanterie, cent lanciers polonais et un bataillon de flanqueurs étaient reçus à bord de trois autres bâtiments. Ayant mis à la voile dans la nuit du 26 au 27, il entra dans le golfe Juan le 2 mars. Le même jour, il débarqua dans le voisinage de Cannes, pour prendre de là la route de Paris.

Louis XVIII convoque aussitôt les deux chambres et envoie le comte d'Artois organiser, à Lyon, les forces militaires qui seraient immédiatement disponibles. En même temps, Macdonald et le maréchal Ney prêtent serment entre les mains du roi, et marchent contre leur ancien souverain. Une ordonnance non moins insensée que barbare prescrit à tous les Français de *courir sus* à Napoléon Bonaparte.

L'empereur prend la route de Paris; après une tentative manquée sur Antibes, il marche plusieurs jours sans trouver ni obstacle ni secours: au défilé de Vizille, près de Grenoble, sept cents hommes lui ferment la route. Napoléon se présente seul, et offre sa poitrine découverte au premier soldat qui voudra tuer son empereur. On lui répond par des cris de vive l'empereur! Il entre à Grenoble; bientôt Lyon lui ouvre ses portes, malgré les vains préparatifs de défense du comte d'Artois. Dès ce moment, il marche environné des populations qui le ramènent en triomphe.

Louis XVIII, à la nouvelle de l'approche de Napoléon, quitte le château des Tuileries dans la nuit du 10 au 20 mars. Le lendemain, Napoléon entrait à Paris sans avoir titré un coup de fusil. En ressaisissant la couronne, il ne s'était pas dissimulé les dangers qui allaient fondre sur la France, et la position critique où son nouvel avènement allait le mettre vis-à-vis de l'Europe armée tout entière; s'il avait pu s'abuser à cet égard, il eût été suffisamment averti par la déclaration du congrès de Vienne, qui le mettait hors du droit public et social.

L'acte additionnel aux constitutions de l'empire fut soumis à l'acceptation du peuple et sanctionné par un million de votes : il reproduisait les principales dispositions de la charte, et assurait à la France les mêmes libertés. Toutefois, il satisfit mal aux prétentions des citoyens; ils refusèrent alors à Napoléon cette franche adhésion qui eût fait sa force, et qui était nécessaire en un pareil moment.

On crut que Napoléon déchu, après avoir été

grand, monterait encore plus haut que jamais, on s'attendait à ce qu'il voudrait être, sans restiction, l'empereur de la démocratie : dans cet espoir, les partisans de la république acceptèrent son alliance, et il agréa leur secours. Mais les menaces de l'Europe conjurée ne permirent pas à Napoléon de s'emparer du rôle que l'amour du peuple destinait à son patriotisme et à son génie ; il craignit de placer la France, vis-à-vis des autres puissances, dans une position irréconciliable ; d'un autre côté, les courtisans impériaux, ennemis du peuple comme sont tous les courtisans, ne comprirent pas que Napoléon, dénué du prestige de ses triomphes, ne pouvait plus renouer le charme qu'en se proclamant le premier soldat de la liberté.

L'empereur, au milieu des exigences de sa cour et des ménagements qu'il se prescrivait afin de ne pas rendre impossible toute entrée en négociation avec les cabinets étrangers, refroidit, par une telle prudence, l'élan national. Une opposition intérieure se manifesta ; l'aveuglement de quelques hommes incapables de dominer la situation autrement que pour désorganiser la résistance, les fit se jeter en avant avec des principes qui ne se produisirent alors que pour enfanter des divisions.

Cependant le duc d'Angoulême avait capitulé dans le midi ; la duchesse son épouse venait de quitter Bordeaux, où elle avait montré un courage héroïque, et la Vendée, contenue par le général Lamarque, cessait la guerre civile ; mais malheureusement le roi de Naples courait à sa perte, en commençant, en Italie, les hostilités contre l'Autriche malgré les avis de l'empereur.

Une armée de près de trois cent mille hommes se lève sur le sol de notre inépuisable France, à la voix magique de Napoléon ; le 12 juin, il se met à la tête de cette armée, et marche à la rencontre des Anglais et des Prussiens ; il livre à ces derniers la sanglante bataille de Fleurus, et leur tue vingt mille hommes. De là, il marche contre les Anglais, qu'il atteint dans les plaines de Waterloo. L'action s'engage, action terrible, meurtrière, où l'empereur joue ses dernières destinées. Déjà les Anglais, battus et écrasés, se disposent à la retraite, quand soudain l'armée prussienne, conduite par Blücher, battu la veille, échappe à Grouchy, chargé de la surveiller, et arrive sur le champ de bataille ; alors la journée est perdue pour nous : l'armée française se met en déroute après des pertes énormes; vainement l'empereur se jette au milieu de la mêlée, cherchant les balles et les boulets qui semblent encore le respecter. Accablé par le nombre, entraîné par le désordre, il cède enfin après les efforts inouïs des derniers soldats qui forment autour de lui un bataillon sacré. Il revient aussitôt à Paris, annonce lui-même le désastre : rien n'était encore désespéré; mais la chambre, pratiquée en secret par un traître, mal conduite par un président inhabile, entraînée par Lafayette, qui croit servir la liberté, et ne s'aperçoit par qu'il perd la France, seconde mal ou trahit le seul homme qui pouvait nous délivrer. Elle pleura sur le désastre de Watterloo! mais à la voix de Napoléon, qui promettait, qui avait la certitude de la venger, elle ne se leva pas.

Cependant Napoléon II avait été proclamé, malgré les intrigués diverses qui avaient arraché une abdication au seul homme à qui la France pût encore être redevable de ne pas subir un joug abhorré ; mais cette dernière expression de la souveraineté du peuple vint expirer dans une protestation qui demeura sans effet.

Les alliés, vainqueurs, s'avancent de nouveau sur Paris. Napoléon, qui a calculé leur marche et mesuré l'imprudence et la témérite de leurs manoeuvres, propose d'attendre l'ennemi sous Paris, avec une armée de cent soixante mille hommes qui peuvent s'y rallier en quelque jours; il a calculé un plan infaillible pour écraser les Prussiens et changer la face des affaires; il demande au gouvernement provisoire l'autorisation de prendre le commandement des forces françaises en qualité de simple général : Fouché refuse avec hauteur une offre dont l'acceptation sauvait la France.

Napoléon se dispose alors à quitter la France. Dans sa route sur Rochefort, il reçoit de la population et des troupes des marques d'admiration et de confiance telles qu'il pouvait encore relever son étendard; mais le sacrifice est fait, il veut partir, il se confie à la loyauté anglaise, et monte à bord du *Bellérophon*, en demandant au régent la faculté de venir *s'asseoir, comme un autre Thémistocle*, au foyer britanique. Le régent envoie, pour toute réponse, l'ordre de le conduire à Sainte-Hélène, affreux rocher où il devait être être torturé par un misérable appelé sir Hudson Lowe, et naguère le bourreau de nos soldats enfermés dans les pontons anglais. Napoléon a retracé ainsi les tortures de sa prison : « Nouveau Prométhée, je suis attaché à un roc où un vautour me ronge. Oui, j'avais dérobé le feu du ciel pour en doter la France ; le feu est remonté à sa source, et me voilà. »

Ainsi tomba du trône l'homme extraordinaire qui attacha si profondément son nom à son siècle, et fit, pendant vingt ans, de la nation française, la plus grande, la plus héroïque des nations. Napoléon porta le génie militaire à sa dernière expression, et développa, dans ses longues et glorieuses guerres, des facultés presque surhumaines qui lui assurent le titre de premier capitaine du monde. Appelé au gouvernement des hommes, son vaste génie embrassait tout ; le code civil, la réorganisation judiciaire, un système d'administration qui fait aujourd'hui l'admiration de l'étranger, de magnifiques travaux à l'intérieur, des routes, des canaux, des ports, des monuments dignes de la grandeur française, l'amélioration du sort des classes laborieuses, le rétablissement de la religion rendue aux vœux du peuple, l'accroissement de la richesse du pays, les encouragements prodigués à l'industrie, aux manufactures, au commerce, aux beaux-arts, aux sciences, aux lettres l'immense essor donné à l'esprit d'invention; tels sont les droits de Napoléon à notre reconnaissance; s'il aima trop la guerre, elle lui fut presque toujours imposée par les conspirations de l'Europe, qui poursuivaient en lui l'héritier de la révolution. Il a été forcé de combattre et de vaincre pour empêcher la France d'être dévorée comme la Pologne. Il y avait un duel à mort entre Napoléon et l'Angleterre, qu'il voulut et qu'il faillit renverser par le blocus continental; c'est l'Angleterre qu'il allait combattre à Vienne, en Egypte, à Moscou, à Berlin, en Espagne. Dans ce dernier pays, il eut le malheur de soulever tout un peuple. L'Angleterre enflamma la querelle, et de cette source découlèrent tous nos malheurs. Il les a expiés d'une manière à la fois cruelle et sublime; et, de son côté, la généreuse France les a oubliés pour ne plus voir en Napoléon que le grand homme dont elle répétera toujours le nom avec orgueil.

PHYSIONOMIE,

HABITUDES ET GENRE DE VIE

DE

NAPOLEON.

Le front de Napoléon était élevé et découvert; il avait peu de cheveux, surtout sur les tempes, mais ils étaient très fins et très doux. Il les avait châtains, et les yeux d'un beau bleu, qui peignaient d'une manière incroyable les diverses émotions dont il était agité, tantôt extrêmement doux et caressants, tantôt sévères et même durs, sa bouche était fort belle, les lèvres égales et un peu serrées, particulièrement dans sa mauvaise humeur; ses dents, sans être rangées fort régulièrement, étaient très blanches et très bonnes; jamais il ne s'en est plaint; son nez, de forme grecque, était irréprochable, et son odorat très fin. Enfin, l'ensemble de sa figure était régulièrement beau.

Cependant, à cette époque, sa maigreur extrême empêchait qu'on ne distinguât cette beauté de traits, et il en résultait pour sa physionomie un effet peu agréable. Il aurait fallu détailler ses traits un à un, les recomposer ensuite, pour comprendre la régularité parfaite et la beauté du tout; sa tête était très forte, ayant vingt-deux pouces de circonférence; elle était un peu plus longue que large, par conséquent un peu aplatie sur les tempes; il l'avait extrêmement sensible; aussi ses chapeaux étaient-ils toujours ouatés en dedans; ses oreilles étaient petites, parfaitement faites et bien placées; Napoléon avait aussi les pieds extrêmement sensibles; il faisait porter ses bottes et ses souliers par un de ses valets de chambre, qui avait exactement le même pied que lui.

Sa taille était de cinq pieds deux pouces trois lignes; il avait le cou un peu court, les épaules effacées, la poitrine large, très peu velue, la cuisse et la jambe moulées; son pied était petit, les doigts bien rangés et tout-à-fait exempts de cors ou durillons; ses bras étaient bien faits et bien attachés, ses mains admirables, et les ongles ne les déparaient pas; aussi en avait-il le plus grand soin, comme, au reste, de toute sa personne, mais sans afféterie. Il se rongeait sougent les ongles, mais légèrement : c'était un signe d'impatience ou de préoccupation.

Plus tard, Napoléon engraissa beaucoup, mais sans rien perdre de la beauté de ses formes ; au contraire, il était mieux sous l'empire que sous le consulat ; sa peau était devenue très blanche et son teint très animé.

L'empereur, dans ses moments, ou plutôt dans ses longues heures de travail et de méditation, avait un *tic* particulier qui semblait être un mouvement nerveux, il consistait à lever fréquemment et rapidement l'épaule droite, ce que les personnes qui ne lui connaissaient pas cette habitude interprétaient quelquefois comme un geste de mécontentement et de désapprobation, cherchant avec inquiétude en quoi et comment elles avaient pu lui déplaire.

Le tempérament de Napoléon était extraordinaire comme son génie. Il avait un corps de fer, capable de supporter les plus grandes fatigues ; il n'était sujet à aucune maladie ; cependant, au siége de Toulon, en 1793, un canonnier fut tué sur sa pièce : Napoléon, alors chef de bataillon d'artillerie, s'empara du refouloir, et chargea lui-même plusieurs coups. Le malheureux artilleur avait une gale de la nature la plus maligne, et l'empereur en fut infecté. Il ne parvint à s'en guérir radicalement qu'au bout de plusieurs années, et les médecins pensaient que cette maladie, mal soignée, avait été cause de l'extrême maigreur et du teint bilieux qu'il conserva longtemps. Aux Tuileries, il prit des bains sulfureux et garda quelque temps un vésicatoire. Jusque-là, il s'y était toujours refusé, parce que, disait-il, il n'avait pas le temps de s'écouter. M. Corvisart avait vivement insisté pour un cautère, mais l'empereur ne voulut jamais de ce remède.

Il éprouvait une répugnance invincible pour tous les médicaments, et quand il en a pris, ce qui est arrivé fort rarement, c'était de l'eau de poulet ou de chicorée, et du sel de tartre.

Son médecin lui avait recommandé de rejeter toute boisson qui aurait un goût âcre et désagréable : c'était, il faut le croire, dans la crainte qu'on ne cherchât à l'empoisonner.

Napoléon dormait peu, et avait la précieuse faculté d'interrompre et de reprendre à volonté son sommeil. Quand il voulait dormir, tous les lieux lui étaient bons, l'alcôve impériale comme le coin d'un fossé, la planche du lit-de-camp ou la terre dure du bivouac.

Sa vie était frugale, son appétit modéré, ses goûts faciles à contenter. Il mangeait sobrement et vite : à peine restait-il douze minutes à table : il buvait peu de vin, peu de café ; il ne prenait pas de tabac, comme on le croit communément, mais il aimait à en respirer constamment l'odeur.

A son lever, l'empereur prenait habituellement une tasse de thé ou de feuilles d'oranger ; s'il prenait un bain, il y entrait immédiatement au sortir du lit, et là se faisait lire par un secrétaire ses dépêches et les journaux. Quand il ne prenait pas de bain, il s'asseyait au coin du feu, et se faisait lui-même cette lecture. Il dictait au secrétaire ses réponses et les observations que lui suggérait la lecture de ses papiers. Au fur et à mesure qu'il les avait parcourus, il les jetait sur le parquet sans aucun ordre. Le secrétaire ensuite les ramassait pour les emporter dans le cabinet particulier.

Presque tous les jours l'empereur déjeunait seul sur un guéridon d'acajou, et sans assiette. Ce repas, plus court encore que le dîner, durait de huit à dix minutes.

L'empereur ne buvait que du vin de Chambertin, et rarement pur ; il n'aimait guère le vin, et s'y connaissait mal.

L'habitude de manger fort vite causait parfois à l'empereur de violents maux d'estomac, qui se terminaient presque toujours par des vomissements. Il supportait ce genre de mal avec moins de force que mille accidents plus graves que la vie des camps entraîne avec elle.

Prodigue quand il s'agissait d'embellir la capitale, d'ouvrir des routes, de creuser des ports et des canaux, il règlait avec une stricte économie les dépenses particulières de sa maison, dont le luxe effaçait néanmoins celui des autres cours de l'Europe. Il voulait voir, dans son palais, ses officiers chamarrés et dorés; mais lui, modeste dans ses habillements, n'était ordinairement revêtu que d'un simple uniforme de colonel de sa garde, sans aucune broderie, et qu'il recouvrait, dans les journées pluvieuses, d'une redingote dont la couleur grise est bien connue. Il portait un chapeau militaire coupé d'une façon particulière, sans galons, sans torsades, sans panache, orné seulement de la cocorde tricolore attachée par une ganse de soie noire. Au commencement de son règne, on ne lui vit long-temps d'autres décorations que la plaque de la Légion-d'Honneur, avec une simple croix d'argent, qu'il détachait souvent de sa boutonnière pour récompenser le mérite ou la bravoure; plus tard, il y ajouta la couronne de fer italienne.

Naturellement affable et poli avec tous, bon et facile envers le peuple et les soldats, l'empereur était plus sévère et plus réservé avec ses généraux et ses ministres. Il avait tantôt la parole haute et brève, tantôt la voix douce et caressante; sa conversation variée abondait en observations fines, en traits remarquables, en pensées profondes: c'était parfois comme une tempête avec des éclairs de génie, dont les lueurs illuminaient toutes les questions.—Béranger trouve qu'il est le plus grand poète des temps modernes; ses proclamations prouvent qu'il en était le plus éloquent.

Napoléon avait une activité qui tenait du prodige. A l'armée, pendant le jour, il parcourait à cheval, et toujours au galop, les lignes occupées par ses troupes, faisant ainsi souvent plus de vingt lieues sans paraître fatigué : la nuit, il dictait ses ordres, ses bulletins, ses proclamations, ses décrets; du fond de sa tente, il gouvernait l'empire et dominait l'Europe. Lorsqu'une trêve ou une paix le ramenait à Paris, son séjour dans la capitale n'était pas un temps de repos et d'inaction. « Avec une de ces organisations qui comportent toutes les spécialités, et dont une seule ferait distinguer un homme de la foule, le plus grand capitaine du monde, le souverain dont les ministres ne sont que les premiers commis, l'habile administrateur qui dirige toutes les parties de ses états, toutes les branches du services; le colosse, aux proportions gigantesques, redescendait avec une admirable facilité aux plus petits détails de la vie privée. » Il travaillait avec ses ministres, assistait aux séances du conseil d'Etat, où s'élaboraient ces codes qui honorent son règne presque à l'égal de ses victoires; puis, il se délassait de ses travaux de cabinet par des courses dans la ville, visitant tantôt à pied, tantôt à cheval, toujours sans escorte, et fréquemment sans suite, les monuments et les ateliers, se mêlant aux ouvriers, interrogeant le peuple pour connaître par lui-même et ses vœux et ses besoins : « Car, disait-il, le peuple, c'est ma famille. » Aussi, la reconnaissance populaire ne lui a-t-elle jamais manqué; et quand la fortune tourna contre lui, ce ne furent pas les hommes du peuple qui abandonnèrent lâchement sa cause. Ses soldats lui demeurèrent fidèles jusqu'à la fin, exemple qu'auraient dû mieux suivre les grands officiers comblés de ses faveurs.

APPRÉCIATION

DE

NAPOLÉON ET DE SON SYSTÈME POLITIQUE.

Les noms les plus illustres des temps anciens et des temps modernes pâlissent devant celui de Napoléon. Alexandre, Annibal, César, Mahomet, Charlemagne, Henri IV et Cromwel, que sont-ils auprès du général de l'armée d'Italie, du conquérant de l'Egypte, du fondateur de l'empire français, du vainqueur de l'Europe civilisée? Napoléon, supérieur à chacun d'eux par la qualité même qui a fait leur gloire, l'emporte encore par la réunion en sa personne des autres grandes qualités qui leur ont manqué. Il pourrait soutenir la comparaison avec ces rois fameux, ces illustres capitaines, ces sages législateurs, tous réunis; à lui seul il les éclipse tous.

Les victoires de Bonaparte ont sauvé la République expirante sous la coalition européenne; le gouvernement de Napoléon a tiré la France des fanges sanglantes de l'anarchie. C'est au créateur de l'Empire que nous devons, nous, hommes nés depuis la révolution, nos lois, numents et notre gloire. C'est par lui qu'a pénétré dans nos esprits ce vaste désir d'une amélioration progressive, but véritable et continu de son gouvernement, et qui sera désormais celui de toute société.

On a reproché à l'Empereur son ambition démesurée, son despotisme et son goût pour la guerre. On oublie que le conquérant de l'Italie, après avoir détruit six armées autrichiennes, après avoir vaincu Wurmser et le prince Charles, a demandé lui-même, le premier, à l'Autriche abattue, la cessation des hostilités. C'est à lui, c'est à sa volonté pacifique, que la France a dû le traité de Campo-Formio. On veut oublier aussi que, vainqueur à Jéna et à Friedland, il a lui-même offert une paix honorable à la Russie humiliée. C'est d'ailleurs une chose reconnue, qu'il n'a jamais été le provocateur dans les guerres qui ont ensanglanté l'Europe (1).

Quant à son despotisme, il est reconnu aujourd'hui que Napoléon, surgi d'un état de crise, eut pour mission de parer à tout ce que cette crise pouvait produire d'accidents, soit au dedans, soit au dehors. Obligé de mettre la main à tout, il eut constamment trop à faire dans le présent

(1) Abel Hugo.

pour construire la synthèse d'un avenir, ou même pour échafauder la transition qui y conduirait. Il prit et utilisa les matériaux qui étaient à sa portée, mais il ne combina pas, en les puisant dans une vitalité qui aurait été indépendante de lui-même, les éléments d'une nouvelle organisation sociale. Il rebâtit à sa manière avec des emprunts faits au passé. — Sa force personnelle suppléait à la solidité de l'édifice qu'il élevait avec les décombres de ce qui avait déjà péri et devait s'abîmer à jamais, dès qu'il manquerait à ses établissements. Sa codification, quoique mal exécutée, en dehors d'une véritable unité harmonique, et pas toujours avec des vues progressives, avait été une conception heureuse, en ce qu'elle rendait les mêmes lois communes à tout le pays. Il se proposait une règle, mais craignant de ne pas être un moyen suffisant pour le but vers lequel le monde s'avançait, il tendait vers un autre, se contentant de produire un retard dans une situation pleine de cette activité matérielle que passionne l'âme en laissant en repos l'esprit.

Plutôt que de s'exposer à être débordé, il accepta une position fausse, dont l'invincible difficulté ne pouvait avoir d'autre résultat que de faire éclater son génie. Après lui, au bout d'une lutte si longue, au terme de tant de miracles, que devait-il rester? Rien de fondé, rien de stable, rien qui ne se trouvât en antagonisme avec les opinions et les vœux résultant de la conscience plus générale de ce qui appartient à l'humanité. Sur quelle base avait-il travaillé? Quels étaient ses principes? Etait-ce l'égalité, la liberté, ou, sans elles, l'ordre et le pouvoir public? Ceux qui s'imaginèrent, après lui, que le grand art de gouverner consistait dans un jeu de bascule, ne furent-ils pas ses imitateurs? Il avait relevé les autels, et il avait fait de l'autorité contre le pape; puis il avait mis tous les évêques et le clergé à la merci de ce dernier. Dans un accès de dépit contre Rome, il avait eu des velléités d'une religion philosophique, et de peur que la religion chrétienne ne fût privée, par d'incontestables révélations, de l'antique vénération des peuples, il brûla un manuscrit indien, datant de plusieurs mille ans, parce qu'on y trouvait textuellement et nominativement l'incarnation de Jésus. Il se servit des forces militaires de la révolution contre les rois; ensuite des moyens des rois contre les droits des peuples. Il disait aux rois : J'établis l'ordre, je travaille pour le pouvoir; aux peuples, j'assure la liberté publique. Il était né de la révolution, et il avait juste le caractère qui lui était le plus opposé : il était venu comme un arbitre entre elle et tout ce qui restait de ce qu'elle aurait dû détruire pour se consommer intégralement, et il lui donnait toujours tort, afin, disait-il, de ne pas la compromettre !...

Ce système bâtard fit d'une époque qui, sans lui, eût été toute d'anarchie et de misère, une époque brillante; mais cette époque ne pouvait être qu'un éclair; elle amalgamait trop de choses qui devaient retomber dans leur incompatibilité. Quoi qu'il en soit, il fit, pendant dix ans, oublier que la révolution ne s'était pas accomplie, et cette diversion, qui ne pouvait être produite que par son génie, fut si puissante, que, sous le charme de la popularité militaire des chefs qu'elle s'était donnée, la nation ne s'apperçut presque pas que la révolution avait rétrogradé au-delà de 1789; mais d'un moment à l'autre l'heure de la réflexion pouvait sonner, la paix aurait ouvert une ère nouvelle; les camps une fois levés, on eût exécré le despotisme des camps; Napoléon eut bientôt déploré le néant de son système. Ses désastres sauvèrent sa gloire; ils lui conservèrent l'amour du peuple; et peut-être sans son martyre à Sainte-Hélène n'eût-il jamais eu de tombeau sur les rives de la Seine.

RÉVOLUTION

DU 18 BRUMAIRE AN VIII.

Consulat provisoire.

1799—1780.

Après avoir écouté les chefs des divers partis qui tiraillaient la France dans tous les sens, Bonaparte n'eut pas de peine à reconnaître que lui-même était un parti, et qu'au lieu de les aider, il lui était facile de les faire servir à son élévation. A l'instant où il toucha le sol de la France, l'opinion publique le porta au pouvoir, et lui décerna la longue dictature dont il avait besoin pour remplir sa haute mission.

Ayant concerté avec ses partisans la marche à suivre pour l'exécution de ses projets, il fit jouer tous les ressorts qui devaient amener une espèce de révolution dans le gouvernement, et les 18 et 19 brumaire an VIII (9 et 10 novembre 1799) virent s'accomplir ses desseins.

Le 17, sous le prétexte d'un voyage qu'il allait entreprendre, il fit dire à tous les officiers et aux généraux dont il connaissait le dévoûment, qu'il les recevrait le lendemain, et aux régiments qu'il les passerait en revue le même jour. Moreau se mit à sa disposition ; Murat, Leclerc et Sébastiani se chargèrent de disposer favorablement les troupes. La révolution qui se préparait fut faite moitié législativement et moitié militairement. Le Conseil des Anciens, pour mettre les Conseils à l'abri des attaques des démagogues et des partisans du Directoire, si les uns et les autres cherchaient à soulever la populace de la capitale, avait ordonné, le 9 novembre, la translation du Corps-Législatif à Saint-Cloud et investi Bonaparte du commandement des troupes.

La majorité du Directoire connaissait vaguement la révolution qui se préparait; la minorité l'approuvait. Bonaparte, après avoir passé en revue les troupes, au nombre de 8,000 hommes, envoya à Barras, à Moulins et à Gohier, l'invitation de donner leur démission. Moulins la dona. Gohier la refusa. Barras hésita, et finit par céder.

Le Directoire ainsi dissous, Bonaparte se trouvait seul chargé du pouvoir exécutif de la République.

Le Conseil des Cinq-Cents, obligé d'obéir au décret du Conseil des Anciens, s'était ajourné au lendemain à Saint-Cloud.

Les ministres du Directoire reconnurent la nouvelle autorité.

Le lendemain, à Saint-Cloud, Augereau, opposé à Bonaparte, lui dit : « Eh bien ! vous » voilà dans une *jolie* position ! — Augereau, » répondit Bonaparte, souviens-toi d'Arcole : » les affaires paraissaient être bien plus désespérées. Crois-moi, reste tranquille, si tu ne » veux pas en être la victime : dans une demi- » heure tu verras comment les choses tourne- » ront. » Le général Lefebvre lui fit aussi de violents reproches, auxquels Bonaparte répondit froidement : « Général, vous êtes une des » colonnes de la République ; je veux la sauver » aujourd'hui avec vous, et la délivrer des avo- » cats qui perdent notre belle France. — Les » avocats ! répondit le général Lefebvre, oui, » vous avez raison, il faut les chasser. Vous » pouvez compter sur moi. »

Bonaparte entra au Conseil des Anciens, et, se plaçant à la barre en face du président : « Vous êtes sur un volcan, leur dit-il, la Répu- » blique n'a plus de gouvernement ; le Direc- » toire est dissous ; les factions s'agitent. L'heure » de prendre un parti est arrivée. Vous avez » appelé mon bras et celui de mes compagnons

» d'armes au secours de votre sagesse; mais les » instants sont précieux : il faut se prononcer. » Je sais qu'on parle de César, de Cromwell, » comme si l'époque actuelle pouvait se compa- » rer aux temps passés. Non, je ne veux que le » salut de la République, et qu'appuyer les dé- » cisions que vous allez prendre.... Et vous, » grenadiers, dont j'aperçois les bonnets aux » portes de cette salle, dites-le : vous ai-je trom- » pés? ai-je jamais trahi mes promesses, lors- » que, dans les camps, au milieu des privations, » je vous promettais les succès, l'abondance; » et lorsqu'à votre tête je vous conduisais de » victoire en victoire, dites-le maintenant, » était-ce pour mes intérêts ou pour ceux de » la République? »

Les grenadiers, électrisés, et agitant en l'air leurs bonnets et leurs armes, semblaient tous dire : « Oui, c'est vrai! il a toujours tenu » parole. »

Alors un membre se leva, et, d'une voix forte, s'écria : « Général, nous applaudissons à ce que » vous dites : jurez donc avec nous obéissance » à la Constitution de l'an III, qui peut seule » maintenir la République. » L'étonnemen que causèrent ces paroles produisit le plus grand silence.

Bonaparte se recueillit un moment, puis il reprit avec chaleur: « La Constitution de l'an III! » vous n'en avez plus; vous l'avez violée au » 18 fructidor, quand le Gouvernement a at- » tenté à l'indépendance du Corps-Législatif; » vous l'avez violée au 30 prairial, quand le » Corps-Législatif a attenté à l'indépendance du » Gouvernement; vous l'avez violée au 22 flo- » réal, quand, par un décret sacrilége, le Gou- » vernement et le Corps-Législatif ont attenté » à la souveraineté du peuple, en cassant les » élections faites par lui. La Constitution violée, » il faut un nouveau pacte; il faut de nouvelles » garanties. »

Les trois quarts des membres se levèrent en signe d'approbation : un seul se prononça contre. En ce moment, on vint prévenir Bonaparte que, dans le Conseil des Cinq-Cents, l'appel nominal était terminé et que l'on voulait forcer le président Lucien à mettre aux voix la mise hors la loi de son frère. Bonaparte s'adressa de nouveau au Conseil des Anciens, qui s'était formé en comité secret.

« Ne nous divisons point, leur dit-il; associez » votre sagesse et votre fermeté à la force qui » m'entoure. Je vais au Conseil des Cinq-Cents..

» Tremblerai-je devant des factieux, moi que la » coalition n'a pu détruire ! Si je suis un perfide, soyez tous des Brutus !... Et vous qui » m'accompagnez, braves grenadiers, que je » vois autour de cette enceinte, que ces baïonnettes, avec lesquelles nous avons triomphé » ensemble, se tournent contre mon cœur. » Mais si quelque orateur, soldé par l'étranger, » ose prononcer les mots de *hors la loi*, que le » foudre de guerre l'écrase à l'instant même. » Souvenez-vous que je marche accompagné du » dieu de la guerre et de la fortune. »

Bonaparte entra seul dans la salle. Les grenadiers voyant l'exaspération des députés, avaient obéi avec regret à son ordre, de faire halte en dehors de la salle. Mais le général ne fut pas plutôt aperçu, que deux ou trois cents membres se levèrent subitement en s'écriant : *Mort au tyran! à bas le dictateur* ! Ils s'élancèrent vers Bonaparte, les uns le menaçant du poing, d'autres armés de poignards: leurs vociférations étouffèrent sa voix. Alors les grenadiers se précipitèrent dans la salle, et culbutant, le sabre à la main, tout ce qui s'opposait à leur passage, ils le rejoignirent, et l'entraînèrent dehors (1).

(1) A. Hugo.

Bonaparte descendit dans la cour du château, monta à cheval, et donna l'ordre d'aller délivrer le président.

Un officier, suivi d'un peloton de soldats, s'avança jusqu'à la tribune, plaça le président au milieu en lui disant : « C'est par ordre de votre frère. »

Arrivé dans la cour, Lucien s'écria : « Général, et vous, soldats, le président du Conseil » des Cinq-Cents vous requiert d'employer la » force contre ces factieux. Le Conseil des Cinq-» Cents est dissous. »

Le général ordonna à Murat de faire évacuer la salle, en recommandant aux grenadiers de ne commettre aucun excès.

Quand les soldats entrèrent au pas de charge, ces fiers députés se dispersèrent et prirent la fuite, les uns en sautant par les fenêtres, les autres en abandonnant, pour être plus légers dans leur course, leurs toges, leurs toques, leurs écharpes. En un instant la salle fut vide.

Le même soir, le pouvoir exécutif fut remis aux mains de trois consuls provisoires. Bonaparte, Sieyès et Roger-Ducros, qui prêtèrent, entre les mains du président du Conseil des Cinq-Cents, le serment de *fidélité inviolable à la souveraineté du peuple*.

EMPIRE.

SACRE. — COURONNEMENT.

1800.

Bonaparte profita habilement de la conspiration de Georges Cadoudal, de la guerre avec l'Angleterre, et de l'encens qu'on lui prodiguait, pour faire convertir la république en empire, et lui-même de consul en empereur. Déjà le sénat lui avait dit : qu'il fondait une ère nouvelle, qu'il devait l'éterniser, que l'éclat n'était rien sans la durée; qu'il pouvait enchaîner le temps, maîtriser les événements, désarmer les ambitieux, tranquilliser la France; et enfin, qu'il était du plus grand intérêt du peuple français de lui confier le gouvernement de la république comme empereur héréditaire, lorsque le tribun Curée fit au tribunat une motion d'ordre par laquelle il proposa de créer *Napoléon Bonaparte* empereur des Français. Cette proposition fut accueillie avec empressement par tous les membres, à l'exception de l'ex-directeur Carnot qui la combattit énergiquement. « Je suis loin, dit-il, de vouloir atténuer les louanges données au premier consul; mais quelques services qu'on ait pu rendre à sa patrie, il est des bornes que l'honneur autant que la raison imposent à la reconnaissance nationale. Si un citoyen a restauré la liberté publique, s'il a opéré le salut de son pays, sera-ce une récompense à lui offrir que le sacrifice de cette même liberté, et ne serait-ce pas anéantir son propre ouvrage que de faire de son pays un patrimoine particulier? Tous les arguments faits jusqu'à ce jour sur le rétablissement de la monarchie en France se réduisent à dire que, sans elle, il ne peut exister aucun moyen d'échapper aux discordes intestines.... Le gouvernement d'un seul n'est rien moins qu'un gage assuré de stabilité et de tranquillité.... Le dépôt de la liberté avait été confié à Bonaparte, il avait juré de le défendre; en tenant sa promesse il eût rempli l'espoir de la nation. Que fait-on aujourd'hui? on propose de lui faire une propriété absolue et héréditaire d'un pouvoir dont il n'avait reçu que l'administration.... Une dictature momentanée est quelquefois nécessaire pour sauver la liberté. Les Romains qui en étaient si jaloux, avaient pourtant reconnu la nécessité de ce pouvoir suprême par intervalles. Mais parce qu'un remède violent a sauvé un malade doit-on chaque jour lui administrer un remède violent ? Ce n'est point par la nature de leur gouvernement que les grandes républiques manquent de stabilité; c'est parce qu'étant improvisées au sein des tempêtes, c'est toujours l'exaltation qui préside à leur établissement. Il est moins difficile de former une république sans monarchie, qu'une monarchie sans despotisme. La liberté fut-elle donc montrée à l'homme pour qu'il ne pût jamais en jouir ? Mon cœur me dit que la liberté est possible; que le régime en est plus facile et plus stable qu'aucun gouvernement arbitraire, qu'aucune oligarchie. J'ai refusé mon suffrage au projet de consulat à vie et à celui de la Légion-d'Honneur, je vote de même contre le rétablissement de la monarchie, comme je pense que ma qualité de tribun m'oblige à le faire. » Cette courageuse opposition étonna les tribuns, mais ne les arrêta pas. La proposition fut adoptée et transmise au sénat conservateur qui, le 28 floréal an XII (18 mai 1804), rendit un sénatus-consulte organique, dont le titre premier était conçu en ces termes :

« Art. Ier. Le gouvernement de la république est confié à un empereur, qui prend le titre d'empereur des Français.

» La justice se rend, au nom de l'Empereur, par les officiers qu'il institue.

» Art. II. Napoléon Bonaparte, premier consul actuel de la république, est empereur des Français. »

La dignité impériale fut rendue héréditaire dans la descendance directe, naturelle et légitime de Napoléon Bonaparte, de mâle en mâle, par ordre de primogéniture. A défaut d'héritier naturel ou légitime ou d'héritier adoptif de Napoléon Bonaparte, la dignité impériale était dévolue et déférée à Joseph et à Louis Bonaparte, qui furent reconnus princes français.

Ainsi finit la République, qui avait duré 11 ans, 7 mois et 27 jours (du 21 septembre 1792 au 18 mai 1804), pour l'établissement de laquelle tant de sang avait coulé.

Les adresses de dévoûment et de félicitation arrivèrent de tous les départements, et le clergé dit qu'il voyait le *doigt de Dieu* dans l'élévation de Napoléon. Les hommes qui, naguère, s'étaient jetés avec exaltation dans la révolution, s'empressèrent autour du trône du nouveau Charlemagne ; c'était à qui serait assez heureux pour obtenir la faveur de devenir chambellan, grand-maître de la garde-robe, grand-veneur, grand-écuyer. On ne songea plus aux principes politiques qui avaient dirigé l'assemblée constituante, et l'on ne parla plus que de la grandeur du puissant mortel qui s'asseyait sur le trône de Henri IV. L'aigle d'un autre César surmonta les drapeaux français, et l'effigie du nouveau souverain fut ajoutée à la légende : *Honneur et Patrie*, qui décorait l'étoile de la Légion-d'Honneur.

Napoléon décida que la cérémonie de son sacre ferait époque dans les fastes français. Le pape Pie VII consentit à venir orner le triomphe du héros, et l'on s'occupa du cérémonial et des immenses préparatifs de cette solennité. Dans l'intervalle, le gouvernement fit connaître le résultat des votes émis par les citoyens sur la question d'hérédité de la couronne impériale. Trois millions cinq cent soixante-douze mille trois cent vingt-neuf citoyens ayant voté pour, et deux mille cinq cent soixante-neuf contre, le sénat, par un sénatus-consulte du 15 brumaire an XII (6 novembre

1804), déclara que : « La dignité impériale était héréditaire dans la descendance directe, naturelle et légitime de Joseph Bonaparte et de Louis Bonaparte, ainsi qu'il était réglé par l'acte de constitution de l'empire du 28 floréal an XII. »

Le 25 novembre, le pape arriva à Fontainebleau. Napoléon qui s'y était rendu pour l'attendre, alla au-devant de lui, quand il fut instruit de son approche. Tous deux mirent pied à terre et s'embrassèrent : le cortége s'achemina vers le château au milieu d'une haie de troupes et au bruit des salves d'artillerie. Le cardinal Capara et les grands officiers de la maison de l'empereur reçurent le Saint-Père au bas du perron et le conduisirent à l'appartement qui lui était destiné.

L'empereur et Pie VII revinrent à Paris dans la même voiture, et le dimanche 2 décembre eut lieu le couronnement dans l'église de Notre-Dame. L'empereur déploya dans cette cérémonie imposante un grand appareil militaire et toute la magnificence des plus grandes solennités de la monarchie française. Il se rendit à l'église, escorté par sa garde, avec Joséphine Tascher de la Pagerie, son épouse, dans une voiture magnifique, entourée de pages et traînée par huit chevaux blancs superbement empanachés. Le pape officia pontificalement, avec toute la pompe de l'Église romaine. Napoléon et Joséphine furent oints de l'huile sur le front et sur les deux mains.

Après que les prières du sacre furent achevées, Napoléon prit sa couronne exposée sur l'autel, la posa sur sa tête afin d'indiquer qu'il ne la tenait que de lui-même, et il en donna une pareille à l'impératrice qui était restée à genoux au pied de l'autel. Ensuite l'empereur assis, la couronne sur la tête, et la main sur le livre des évangiles, prononça de nouveau, devant les trois présidents du sénat, du corps législatif et du tribunat, le serment qu'il avait déjà prêté en recevant l'acte constitutionnel de l'empire. Aussitôt après, le chef des hérauts d'armes cria d'une voix forte : « Le très glorieux et très auguste Napoléon, empereur des Français, est couronné et intronisé ; vive l'empereur, vive l'impératrice. L'église retentit du même cri. Une salve d'artillerie se fit entendre, et l'on chanta le Te Deum.

Les fêtes se multiplièrent dans toutes les parties de la France, mais on remarquait que l'enthousiasme n'était pas aussi vif qu'à celle que la nation avait célébrée spontanément au début de la liberté. La nouvelle dynastie fut ainsi consacrée et l'empire définitivement constitué. Depuis cette époque, et pendant dix ans, Napoléon donna à la France le plus haut degré de gloire par ses victoires et par ses conquêtes, mais il la gouverna en despote ; ses ministres n'exécutèrent plus que sa volonté ; la liberté de la presse n'exista plus, et les corps de l'État se soumirent à ses ordres.

Dans son exil à Sainte-Hélène, Napoleon a dit : « Pour régner, David fit périr la maison » de Saül, son bienfaiteur ; César alluma la » guerre civile et détruisit le gouvernement » de sa patrie ; Hugues-Capet combattit son » souverain et le fit mourir dans une tour ; » Cromwell fit périr son maître sur l'échafaud, » et les princes de la maison régnante d'Angle- » terre ont deux fois couvert les échafauds de » victimes. Pour moi, je n'ai point usurpé de » couronne, je l'ai relevée dans le ruisseau, » le peuple l'a placée sur ma tête ; je me suis » assis sur un trône vide.

DIVORCE DE NAPOLEON.

Son mariage avec Marie-Louise.--naissance du roi de Rome

1810 — 1811.

Au milieu de ces triomphes et de ces fêtes, Napoléon venait d'embrasser une résolution à laquelle il attachait le sort de sa dynastie.

Long-temps avant la campagne qui venait de se terminer, Foucher avait, sans mission, pro posé à Joséphine de dissoudre son mariage Cette démarche, à laquelle l'officieux ministre donnait pour motif le bonheur de la France, causa une vive douleur à l'impératrice.

Joséphine obéit, et cette séparation volontaire et cruelle eut cela de remarquable, qu'elle n'altéra en rien l'union des deux familles : ce fut un sacrifice pénible, mais égal.

Le Sénat rendit un sénatus-consulte autorisant la séparation de l'empereur et de l'impératrice, et assurant à Joséphine un douaire de deux millions de francs, avec le rang d'impératrice durant sa vie. On vota à Napoléon et à

Joséphine des adresses où était consacré le devoir pour chacun de soumettre au bien public ses plus chères affections.

L'archichancelier, au nom du couple impérial, présenta une requête, à cet effet, à l'officialité, ou tribunal ecclésiastique de Paris, qui n'hésita pas à annuler le mariage.

Une lettre du comte de Narbonne avait annoncé que quelques insinuations lui avaient été faites à Vienne, et qu'il avait pu en conclure qu'une alliance avec une archiduchesse pourrait entrer dans les vues de l'Autriche.

Un conseil privé extraordinaire fut convoqué, et la question du choix à faire y fut posée après la lecture des dépêches de Saint-Pétersbourg et de Vienne. Les opinions furent divisées entre une princesse russe et une princesse autrichienne. Ce dernier avis fut celui de la majorité ; il fut déterminé par la haute considération du maintien de la paix générale : le mariage avec l'archiduchesse fut préféré ; peut-être même était-il résolu avant la délibération, et il y a de fortes raisons de croire qu'il avait été stipulé dans les closes secrètes du dernier traité. Quoi qu'il en soit, le prince Eugène en fit la demande formelle au prince de Schwartzemberg, ambassadeur d'Autriche à Paris, et le ministre des affaires étrangères eut les pouvoirs de signer, avec cet ambassadeur, le contrat de mariage de Napoléon avec l'archiduchesse Marie-Louise, en prenant pour modèle celui de Louis XVI avec Marie-Antoinette. Ce contrat fut signé dans la soirée. Le prince Berthier partit aussitôt pour Vienne, afin de faire la demande dans les formes solennelles, et l'archiduc Charles épousa Marie-Louise comme représentant de l'empereur des Français.

Napoléon voulut toutefois se dispenser du cérémonial qui avait eu lieu pour la réception de Marie-Antoinette. Près de Soissons, un cavalier seul, et dont le costume n'avait rien de remarquable, dépassa la voiture dans laquelle était la jeune impératrice, et eut la hardiesse de rebrouser chemin, comme pour l'examiner de plus près. Le carrosse s'arrêta, la portière fut ouverte, et Napoléon, s'affranchissant de l'étiquette, se nomma lui-même à son épouse, et l'accompagna à Soissons. La cérémonie du mariage fut célébrée à Paris, dans le grand salon du Musée, par le cardinal Fesch, oncle de Bonaparte.

Des fêtes splendides furent données à cette

occasion. Le prince de Schwartzemberg en donna une au nom de son souverain, durant laquelle le feu prit à la salle du bal, construite dans le jardin. Rien ne put arrêter les progrès de l'incendie. Plusieurs personnes périrent. L'issue malheureuse de cette fête, dans une circonstance semblable, parut un présage sinistre, et qui malheureusement s'est réalisé.

Napoléon, épris de sa nouvelle épouse, voulut la montrer dans la capitale des états conquis sur la maison d'Autriche. Le 27 avril il partit avec elle pour Bruxelles.

Cette jeune et insignifiante femme était l'objet de ses soins empressés. Le regard heureux de Napoléon la couvait de son amour; on voyait qu'il était fier de la montrer à tous et partout. Trois années plus tard, cette femme oubliait de qui elle était l'épouse.... elle acceptait un autre appui, un autre sein pour s'y réfugier.

« Ma *bonne Louise*, disait plus tard l'Empe-
« reur, est douce et soumise. Je puis compter
« sur elle; *son amour et son dévoûment ne me*
« *manqueront jamais*. De l'ensemble des évé-
« ments, il peut surgir des circonstances qui dé-
« cident du sort d'un empire, et, dans ce cas, je
« l'espère, la fille des Césars s'inspirerait du sou-

« venir de son aïeule, la grande Marie-Thérèse. »

L'Empereur s'abusa sur le caractère de l'Impératrice ; elle n'était pas douée de l'énergie qui enfante les grandes résolutions. Douce et soumise, elle pouvait, dans la casanière vie privée, donner à son mari un bonheur relatif, et c'était tout. Sous cette enveloppe de glace, on aurait vainement cherché un cœur..; et, comme toutes les personnes faibles, elle était fausse, non par calcul, mais par apathie, par crainte. Toute tiède, toute méthodique, elle n'était pas susceptible de ressentir cette exaltation, cette chaleur d'âme qui, dans une circonstance donnée, produisent d'héroïques actions, inspirent de nobles dévoûments. La nature l'avait faite ainsi, cette femme !

PREMIÈRE ABDICATION

Le 31 mars, à midi, l'empereur de Russie et le roi de Prusse avaient fait leur entrée à Paris. Des cris en faveur de l'ancienne dynastie des Bourbons s'étaient fait entendre ; des cocardes blanches avaient paru, et l'empereur Alexandre était descendu chez M. de Talleyrand. Là, dans un conseil où assistaient le roi de Prusse, le duc Dalberg, l'abbé de Pradt, le baron Louis, les comtes Pozzo di Borgo et Nesselrode, les princes de Talleyrand et de Lichtenstein, il avait présenté trois questions : 1° faire la paix avec Napoléon ; 2° établir la régence ; 3° rétablir la maison de Bourbon. Ce dernier avis était le vœu secret des souverains alliés ; il impliquait la condition de ne plus traiter avec Napoléon. On placarda, le 1er avril, sur les murs de Pari cette déclaration :

« Les armées des puissances alliés ont occupé la capitale de la France. Les souverains alliés accueillent le vœu de la nation française.

» Ils déclarent :

» Que si les conditions de la paix devaient

renfermer de plus fortes garanties lorsqu'il s'agissait d'enchaîner l'ambition de Bonaparte, elles doivent être plus favorables lorsque, par un retour vers un gouvernement sage, la France elle-même offrira l'assurance de ce repos.

» Les souverains alliés proclament en conséquence :

» Qu'ils ne traiteront plus avec Napoléon Bonaparte ni aucun membre de sa famille ;

» Qu'ils respectent l'intégrité de l'ancienne France, telle qu'elle a existé sous ses rois légitimes ; ils peuvent même faire plus ; parce qu'ils professent toujours le principe que, pour le bonheur de l'Europe, il faut que la France soit grande et forte ;

» Qu'ils reconnaîtront et garantiront la constitution que la nation française se donnera.

» Ils invitent, par conséquent, le sénat à désigner un gouvernement provisoire qui puisse pourvoir aux besoins de l'administration et préparer la constitution qui conviendra au peuple français.

» Les intentions que je viens d'exprimer me sont communes avec toutes les puissances alliées.

Signé ALEXANDRE.

» Par S. M. I., le secrétaire-d'état,
» comte de NESSELRODE.

» Paris, 31 mars 1814, trois heures après midi. »

Que va faire Napoléon? Que de projets doivent se heurter dans cette vaste pensée qui a porté les destinées du monde! Son premier soin fut de faire répandre ce bulletin :

» Fontainebleau, le 1er avril 1814.

» L'empereur qui avait porté son quartier-général à Troyes, le 29, s'est dirigé à marches forcées par Sens sur sa capitale. Sa majesté était le 31 mars à Fontainebleau; elle a appris que l'ennemi, arrivé vingt-quatre heures avant l'armée française, occupait Paris, après avoir éprouvé une forte résistance qui lui a coûté beaucoup de monde.

» Les corps des ducs de Trévise, de Raguse et celui du général Compans, qui ont concouru à la défense de la capitale, se sont réunis entre Essonne et Paris, ou sa majesté a pris position avec toute l'armée qui arrive de Troyes.

» L'occupation de la capitale par l'ennemi est un malheur qui afflige profondément le cœur de sa majesté, mais dont il ne faut pas concevoir d'alarmes. La présence de l'empereur avec son armée aux portes de Paris empêchera l'ennemi de se porter à ses excès accoutumés dans une ville si populeuse, qu'il ne saurait garder sans rendre sa position très dangereuse. »

Cependant Napoléon, informé de la déclaration des puissances alliées, demande son cheval, et va, au point du jour, visiter les avant-postes. A son aspect, les troupes frémissent de joie et semblent chercher, par la vivacité de leurs acclamations, à dissiper les nuages dont son front paraît obscurci. Emu de cet accueil : « Officiers, sous-officiers et soldats, leur dit-il, l'ennemi nous a dérobé trois marches et il est arrivé à Paris avant nous. Quelques factieux, restes d'émigrés à qui j'avais pardonné, ont entouré l'empereur de Russie ; ils ont arboré la cocarde blanche, et ils veulent vous forcer à la prendre. Depuis la révolution, la France a été maîtresse chez elle, souvent chez les autres, mais toujours chez elle. J'ai offert la paix ; j'ai proposé de laisser la France dans ses anciennes limites, en perdant tout ce qu'elle avait acquis. On a tout refusé. Dans peu de jours, j'attaquerai l'ennemi, je le forcerai de quitter notre capitale. J'ai compté sur vous ; ai-je eu raison ? (Oui ! oui ! s'écrièrent les braves, comptez sur nous ! Vive l'empereur ! Notre cocarde est tricolore ; plutôt que d'y renoncer nous périrons sur notre sol. (Oui ! oui ! vive l'empereur !) »

Cette voix connue de la victoire, cette voix qu'ils ont entendue sur les bords du Tibre, du Nil et du Danube, n'a rien perdu de son empire sur l'âme des soldats ; des pleurs roulent dans leurs yeux ; ils agitent leurs armes ; ils appellent les combats : ils brûlent d'arracher la capitale au joug de l'étranger, et leur cœur bondit d'enthousiasme et d'impatience. Il n'en est pas de même parmi les généraux : soit lassitude, ou crainte d'exposer Paris aux horreurs du pillage, soit peut-être aussi une pensée de conservation et d'avenir, presque tous demeurèrent froids et silencieux. Telle était la disposition des esprits, lorsque, dans la nuit du 3 au 4 avril, on reçut à Fontainebleau, par un exprès du duc de Raguse, le sénatus-consulte qui prononçait la déchéance de l'empereur !

Le maréchal Macdonald arrive de Troyes à Fontainebleau ; il venait de recevoir une lettre du général Beurnonville, membre du gouvernement provisoire, qui, après lui avoir donné des nouvelles de famille, racontait, dans un sens tout favorable à son opinion, ce qui s'était passé à Paris : le vœu de la population, qui demandait le repos, le succès des tentatives en faveur de l'ancienne dynastie, enfin le décret du sénat. Cette lettre, lue à haute voix par un officier dans la chambre du maréchal, produisit une profonde impression de tristesse sur tous ceux qui l'entendirent. Macdonald, après la parade, qui avait lieu tous les jours à midi dans la cour du Cheval-Blanc, la porta à l'empereur ; il fut entouré sur son passage par des généraux, par des officiers avides de nouvelles, et ce groupe l'accompagna jusqu'aux appartements de Napoléon, où il trouva le prince de Neufchâtel, le duc de Dantzick, le duc de Reggio, le prince de la Moskowa, le duc de Bassano, le duc de Vicence et le général Bertrand. « Duc de Tarente, lui dit l'empereur, quelles nouvelles ? — De bien tristes, Sire : Paris est aux mains de l'étranger, et on dit que Votre Majesté veut marcher sur la capitale. Eh bien ! on craint que la seule tentative d'une bataille ne la livre à toutes les horreurs d'une ville prise d'assaut ; l'armée paraît découragée, et les populations demandent la paix. Lisez plutôt, Sire. » Alors il remet la lettre de Beurnonville à l'empereur, qui charge le duc de Bassano d'en faire tout haut la lecture. Le visage de Napoléon se rembrunit, et ses yeux se promènent avec sollicitude sur ses anciens compagnons d'armes : « Eh bien ! messieurs, reprend-il, que pensez-vous de tout ceci? Vous ne voulez donc plus vous battre? — Il est trop tard, Sire, répond un maréchal; nos épées sont fatiguées, et le temps du repos est venu pour nous.

— Et que pourriez-vous faire, Sire? dit un autre maréchal. Brûler Paris ! Mais cette ville renferme nos femmes, nos enfants, irons-nous gratter la terre pour les nourrir. Enfin, un troisième, plus hardi, après avoir fait une peinture énergique des maux que la guerre civile entraînerait pour la patrie, ose parler d'abdication! Une seule voix s'élève pour protester contre ce mot... Napoléon répliqua avec émotion et dignité : « Vous croyez que c'est le vœu de la France? — Oui, Sire. — Que c'est le vœu de l'armée? — Oui, Sire. — Ah ! du moins, si j'abdiquais, vous seriez d'avis de faire passer la couronne sur la tête du roi de Rome? Mon fils et la régente pourraient faire encore le bonheur de la France. — Oui! oui! s'écrièrent les maréchaux, cette proposition, soutenue par l'armée, dissipera sans peine les intrigues commencées en faveur des Bourbons : la France ne les connaît plus, mais elle connaît le fils de l'empereur, elle l'aime, elle l'adoptera, et l'Autriche le verra couronner avec plaisir. — Sire, il faut se hâter; les alliés n'ont encore rien arrêté, il n'y a pas un instant à perdre. — Qui chargerai-je de cette négociation? Le duc de Vicence, le prince de la Moskowa, le duc de Raguse. Oui, ces messieurs vont partir pour Paris; je vais leur faire donner leurs pouvoirs. Et cependant, ajoute-t-il en se jetant sur un canapé, et comme ressaisissant l'adhésion qui venait de lui échapper, je suis sûr que nous les battrions! Ce dernier cri du héros qui a la conscience de sa force et l'habitude de la victoire eût, dans tout autre temps, électrisé les braves qui l'avaient entendu; aujourd'hui, il expire inécouté dans leur oreille vieillie ou distraite par le mot d'abdication qui domine toutes les pensées. Se relevant alors avec majesté, Napoléon fait comprendre par son geste qu'il veut rester seul; les maréchaux se retirent.

Cependant l'empereur a réfléchi que le duc de Raguse, qui commandait en chef le quartier général d'Essonne, serait plus utile à son poste qu'à Paris : c'est le maréchal Macdonald qui le remplacera comme plénipotentiaire. Les trois commissaires partent, à quatre heures du soir, pour Paris, munis de ces instructions.

« Le duc de Vicence, le maréchal prince de la Moskowa et le maréchal duc de Tarente, se rendront à Paris avec la notification ci-jointe. Il la présenteront aux puissances alliées, et négocieront un traité de paix entre la France, au nom de la régence, et les puissances alliées. Aussitôt que les articles principaux de ce traité seront convenus, avant de les signer, ils nous en feront part, pour que nous fassions connaître notre abdication, tant par un message au sénat dans les formes voulues par les constitutions, que par une proclamation au peuple français. Ils recevront alors les pouvoirs de la régence pour signer le traité qu'ils auront minuté.

» Fait au palais de Fontainebleau, le 4 avril 1814.

» Signé Napoléon. »

Le duc de Vicence et le prince de la Moskowa

étaient dans la première voiture; le maréchal duc de Tarente dans la deuxième; quelques officiers dans une troisième. Ils sont reçus à Essonne par le duc de Raguse, auquel ils apprennent le but de leur mission; ils dînent avec lui, et attendent la permission qu'on a demandée pour eux au général autrichien de passer la ligne ennemie. Marmont leur confie alors qu'en vertu d'ordres émanés de la régence, il a eu des pourparlers avec le prince Schwartzemberg. « J'ai proposé des conditions, leur dit-il, et d'un instant à l'autre, les contre-propositions peuvent arriver; la négociation est tellement avancée, qu'il faut que j'aille à Fontainebleau rendre compte de tout à l'empereur, ou bien que je vous accompagne; il ne faut pas que la réponse de Schwartzemberg me retrouve à Essonne : un refus ou une acceptation pourrait également entraver le succès de votre mission; je préfère ne point séparer ma cause de la vôtre; je vous suivrai à Paris.

Les laissez-passer arrivent; les commissaires se remettent en route, et le duc de Raguse les suit dans sa voiture. Arrivés aux avant-postes, on les conduit d'abord au quartier-général du prince de Wurtemberg, au château de Petit-Bourg. Ce prince désire savoir le nom des commissaires, et connaître leurs pouvoirs. Le duc de Raguse ne descend pas de voiture ; il s'enveloppe de son manteau, et attend le retour de ses collègues. Les commissaires sont fort surpris d'être reçus par le prince de Schwartzemberg lui-même, qui vient au-devant d'eux : « Prince, lui dit le duc de Vicence, si c'est pour nous attaquer que vous êtes aux avant-postes, nous comptons sur votre loyauté pour nous le dire ; s'il faut combattre, nous allons retourner à Fontainebleau. Nous venons négocier, et nous demandons une suspension d'armes jusqu'à nôtre retour. » Le prince éloigne toute idée d'hostilité ; il se félicite de revoir d'anciens amis ; c'est son expression ; le hasard seul les réunit ; il était venu voir le prince de Wurtemberg. Tout est amical dans son langage, affectueux dans ses manières. Les commissaires cherchent à sonder ses vues ; ils espèrent, pour le succès de leur mission, dans le généralissime des troupes autrichiennes ; comment ne serait-il pas favorable à la fille de son souverain ?... Mais, à leur grand étonnement, le prince de Schwartzemberg se montre opposé à leurs idées; ses discours leur font sentir qu'ils ne peuvent compter sur l'appui de l'Autriche. Au milieu de cet entretien, un officier vient demander le prince; il sort, et quelques instants après, rentre suivi du duc de Raguse. Celui-ci dit à ses collègues qu'instruit que le prince de Wurtemberg n'était pas seul à Petit-Bourg, il avait été bien aise de parler au prince de Schwartzemberg, afin de suspendre les effets de leur première convention, et qu'il allait retourner à Essonne. Les commissaires se remettent en route, et se rendent à Paris chez l'empereur Alexandre.

Après avoir traversé un salon où le gouvernement provisoire était réuni, et où ils trouvent avec étonnement plusieurs généraux de leurs amis qui s'étaient brusquement tournés vers le soleil du Nord, ils entrent dans le cabinet de l'empereur de Russie. « Messieurs, leur dit ce monarque, avant de connaître le but de la mission dont vous êtes chargés, j'ai avant tout besoin de vous dire ce que je pense de l'armée française et de ses généraux. » Et alors il fait un pompeux éloge de nos grandes guerres; de nos belles victoires; il exalte la gloire de l'armée française, il raconte à chacun des commissaires les services ou les hauts faits qui les ont illustrés, il redit le nom des batailles où ils se sont distingués.

« Personne plus que moi, ajoute-il, n'apprécie tant d'honneur et tant de dévouement; pourquoi faut-il que de tels capitaines et qu'un si beau pays soient sacrifiés par l'ambition d'un seul homme? C'est à lui, à lui seul, que les malheurs de 1812 doivent être imputés. Tant que cet homme gouvernera la France, point de bonheur pour elle, point de repos pour l'Europe. Nous avons décidé que nous ne traiterions plus avec lui, c'est le premier point. N'y a-t-il donc qu'un seul homme de génie en France; et parmi tant de généraux illustres n'en est-il pas qui pourraient le remplacer? pourquoi ne feriez-vous pas un choix parmi vous? C'est à la France à nommer ses souverains. Les Bourbons, je ne les connais pas; quel intérêt puis-je leur porter? C'est à vous, je le répète, c'est aux Français, à décider cette question; qu'ils parlent; mais plus de traité, plus d'alliance possible avec l'empereur Napoléon. »

Le maréchal Ney lui répond le premier; il emercie l'empereur Alexandre des sentiments qu'il a exprimés à l'honneur de l'armée française. — Mais cette armée, animée d'un même esprit, d'un même dévouement pour le pays, est liée par ses devoirs. L'empereur Napoléon veut bien se sacrifier lui-même, mais sa femme, mais son fils, doivent hériter de sa couronne et de sa puissance. — Cette opinion, soutenue avec chaleur par les autres commissaires, ébranle Alexandre; il hésite, et répond avec une sorte d'embarras : « Mais... cette union de l'armée est-elle donc bien réelle...? Voyez, nous avons déjà des généraux dans le gouvernement provisoire, et plusieurs autres se sont ralliés au sénat. » — Le sénat, répond vivement le maréchal Ney, le sénat est-il donc la France? De quel droit a-t-il prononcé la déchéance sans consulter l'armée? L'armée, qui défendait le pays, devait être appelée à donner sa voix; la France était là où l'on se battait...; et ces sénateurs, hier si obséquieux, sont bien hardis de se poser aujourd'hui comme les représentants de la nation; qu'ils se réunissent, nous leur parlerons, nous leur dirons qu'au lieu de se livrer à des intrigues, ils doivent, comme par le passé, obéir et rien qu'obéir, et qu'ils n'ont pas le droit de disposer de la France quand ils n'ont pas su la défendre. Sire, la régence seule convient à cette France ; c'est le choix du pays, le vœu de l'armée et le moyen de concilier tous les intérêts.

Ce langage énergique fait une profonde impression sur l'empereur Alexandre ; il ne semble plus retenu que par la crainte de la trop grande influence que Napoléon exercerait sur la régente ; il veut consulter ses alliés, et fera connaître leur réponse le lendemain à neuf heures.

Les commissaires se retirent ; et il paraît qu'en repassant dans le salon du gouvernement provisoire, les maréchaux eurent avec plusieurs de ses membres une altercation assez vive pour que le duc de Vicence se crût obligé d'interposer sa médiation.

Le lendemain, à neuf heures, les commissaires étaient chez l'empereur de Russie. On reprend la discussion au point où elle était restée. Mais Alexandre n'a déjà plus cette affabilité, cette bienveillance qui la veille était allée jusqu'à la flatterie ; il prête une oreille moins facile à la proposition d'une régence ; il n'est plus sous l'empire des pressantes sollicitations des commissaires ; il élève, au nom des alliés, de nouvelles objections. La porte s'ouvre ; un aide-de-camp s'approche de l'empereur, et lui dit tout bas ces deux mots latins : *Totum corpus*, que l'empereur répète tout haut après le départ de cet officier. Reprenant ensuite la conversation : « Messieurs, dit-il, aux commissaires d'un ton plus décidé, les alliés ont déclaré ne vouloir traiter ni avec Napoléon, ni avec aucun membre de sa famille ; mais ils feront tout pour lui, tout pour sa personne... Qu'a-t-il demandé, que désire-t-il ? — Rien, sire, répondent les commissaires : l'empereur Napoléon a défendu qu'on stipulât rien pour sa personne. — Je l'en estime davantage, » reprend l'empereur. Et après avoir lu les instructions que le duc de Vicence met sous ses yeux, il ne peut revenir de cette abnégation magnanime. « Non, non, dit-il, nous voulons qu'il soit indépendant, qu'il ait une souveraineté à lui : l'île d'Elbe ou autre chose ! Si cela ne lui convient pas, qu'il vienne en Russie, je l'y traiterai en souverain. »

Le maréchal Macdonald fait observer avec dignité à l'empereur que leur mission est finie ; ils n'avaient pouvoir de traiter que pour la régence ; ils vont reporter à l'empereur Napo léon la réponse des alliés. Le duc de Vicence demande à Alexandre un mot de sa main pour Napoléon. Après quelque hésitation, ce prince fait écrire quelques lignes où se retrouvent ces deux mots : *L'île d'Elbe, ou autre chose ;* et les commissaires prennent congé de l'empereur, après avoir obtenu une suspension d'armes de quarante-huit heures.

Ils étaient réunis chez le maréchal Ney, lorsqu'ils furent rejoints par le duc de Raguse. Tout à coup, un officier vint lui annoncer que son corps d'armée tout entier a abandonné Essonne ! Marmont disparaît, et les commissaires, stupéfaits, se regardent sans proférer une parole. Le duc de Vicence s'explique alors le sens mystérieux de ces mots : *Totum corpus*, et le changement survenu dans le langage et dans les dispositions de l'empereur Alexandre. L'âme inquiète et abattue, tous trois regagnent tristement Fontainebleau.

Napoléon croyait à la générosité de l'empereur Alexandre ; il se confiait surtout dans le dévouement de l'armée qui était réunie à Essonne. Il était loin de s'attendre au coup qui le menaçait. La vieille garde venait d'arriver, à marches forcées, dans les environs de Fontainebleau. Le général Friant avait dit au général Petit, commandant des grenadiers à pied, de se tenir prêt à repartir à deux heures du matin. Le général Petit, épuisé de fatigue, s'était couché sur un peu de paille dans une masure, laissant à ses officiers l'ordre de l'éveiller à deux heures du matin. Son sommeil se prolongea jusqu'à cinq heures; il regarde sa montre, se lève avec précipitation : « Ah! mon Dieu ! s'écrie-t-il, je suis en retard! Comment ne m'a-t-on pas réveillé. — Le général Friant l'a défendu, lui répond un de ses aides-de-camp ; on ne marche plus sur Ponthierry : le corps d'armée du duc de Raguse a quitté Essonne; ses troupes, mises en mouvement par des ordres inconnus, traversent en ce moment les cantonnements des Russes, et Fontainebleau reste à découvert.

Cette nouvelle fut un coup de foudre pour le brave général Petit. Il la transmit sur le champ à Fontainebleau. L'empereur n'y voulait pas croire... dernier hommage rendu à l'amitié !..... Il envoya successivement pour s'en assurer le colonel Gourgaud, le général Drouot, le prince de Neufchâtel; mais enfin, trop convaincu, il s'écria : « L'ingrat ! il sera plus malheureux que moi. »

Les commissaires reviennent à Fontainebleau ; ils descendent dans une maison où s'étaient réunis tous les généraux en chef, ainsi que les officiers les plus marquants de l'armée. Ils exposèrent franchement la situation des choses, leur voyage à Paris, le peu de succès de leur mission, enfin la désertion du corps d'armée d'Essonne. Aussitôt, une discussion très animée donna cours à toutes les opinions qui partageaient les esprits diversement passionnés : les uns reprochaient à l'empereur de ne pas avoir accepté la paix à Châtillon ; les autres de n'avoir pas vu, à travers la fumée des batailles, les rois marchant depuis tant d'années contre le principe de la révolution dont il était le représentant, et d'avoir laissé accumuler sur sa tête toutes les haines de l'Europe ; quelques-uns, qui frémissaient au seul nom d'étrangers, voulaient encore tenter la fortune des armes ! mais la majorité, effrayée de l'état déplorable où le départ du duc de Raguse laissait Fontainebleau, l'empereur et les débris de l'armée, fut unanime pour reconnaître que ce noble désespoir ne pourrait qu'entraîner la ruine de Paris, et peut-être le partage de la France ; enfin, on déclara qu'au nom même de sa gloire, l'empereur devait se sacrifier pour sauver la patrie.

C'est sous ces impressions que les commissaires se rendirent auprès de Napoléon, qui les attendait dans son cabinet. Ils lui racontent leur mission dans tous ses détails, et lui remettent la note où l'empereur Alexandre avait fait écrire ces mots : *L'île d'Elbe, ou autre chose.* Napoléon les écoute avec tranquillité, et leur demande ce que signifient ces mots: Autre chose. « Sire, lui dit le duc de Vicence, l'empereur Alexandre n'a pas voulu s'expliquer à cet égard. » Alors, comme s'il cherchait à donner le change aux douloureuses réflexions qui pesaient sur son âme : « Quelqu'un de vous, dit-il, connaît-il l'île d'Elbe? Quelle est son étendue? quelles sont ses ressources ? Y a-t-il un palais? le port est-il bon?... » Après ces questions jetées au hasard, et laissées sans réponse, il se lève, et marchant à grands pas : « Me croient-ils donc vaincu, parce qu'un de mes lieutenants m'abandonne? Me croient-ils sans ressources? Ne puis-je réunir les cinquante mille hommes de Soult, les quinze mille de Suchet, les vingt mille du prince Eugène, les quinze mille d'Augereau? Ne puis-je pas me retirer sur la Loire? J'ai encore là l'épée d'Austerlitz, et je leur vendrai cher mon sang et ma vie. » Ce réveil du lion remue au fond du cœur des maréchaux les souvenirs de Wagram et de la Moskowa, mais sans éblouir leur raison. « La guerre, toujours la guerre, sire! mais il faudrait des soldats, et vous n'avez plus d'armée. Que ferez-vous? où irez-vous? Vous, dont chaque victoire ôtait ou donnait une couronne, vous abaisserez-vous à n'être qu'un chef de partisans? La fatigue, les intérêts personnels, l'amour de la famille, le besoin de repos, tout se réunit contre vous, et la France veut la paix. — Eh bien! reprend l'empereur, puisqu'il faut renoncer à défendre la France, l'Italie ne m'offre-elle pas une retraite digne de moi? Marchons vers les Alpes. On s'y souvient peut être encore d'Arcole et de Marengo. Veut-on m'y suivre?... Vous gardez le silence; vous voulez du repos; ayez-en donc! Hélas! vous ne savez pas combien de dangers et de chagrins vous attendent sur vos lits de duvet: quelques années de cette paix que vous allez payer si cher, en moissonneront un plus grand nombre d'entre vous que n'aurait fait la guerre. »

Et après ces paroles prophétiques, il tire à lui un guéridon, et trace de sa main la seconde formule de son abdication :

« Les puissances alliées ayant proclamé que l'empereur Napoléon était le seul obstacle au rétablissement de la paix en Europe, l'empereur, fidèle à son serment, déclare qu'il renonce, pour lui et ses successeurs, au trône de France et d'Italie, et qu'il n'est aucun sacrifice personnel, même celui de la vie, qu'il ne soit prêt à faire aux intérêts de la France. »

Les commissaires se retirent à minuit. Dans la journée du 6, Napoléon leur remit l'acte de son abdication, avec ces nouvelles instructions.

« Napoléon, empereur des Français, roi d'Italie, protecteur de la confédération du Rhin, médiateur de la confédération suisse.

« Nous donnons, par les présentes, pouvoir au duc de Vicence, grand officier de l'empire, au maréchal prince de la Moskowa et au maréchal duc de Tarente, de négocier, conclure et signer tels articles, traité, convention qu'ils aviseront bon être; pour stipuler, en conséquence de notre abdication, tous arrangements relatifs à nos intérêts, à ceux de notre famille et à ceux de l'armée, ainsi que des ministres, conseillers d'état et autres de nos sujets qui ont suivi la ligne que nous leur avions tracée.

» Fait au palais de Fontainebleau, le 6 avril 1814.

Signé NAPOLÉON. »

Il appela encore une fois auprès de lui le prince de la Moskowa, lui confia le commandement en chef de la garde impériale, et lui donna la mission de fixer la ligne d'armistice.

Les commissaires portent aux souverains alliés l'acte d'abdication. Les conférences se terminent par le traité du 11 avril. On le communique à l'empereur, qui refuse de le signer.

» Tout-à-coup, dans la nuit du 12 au 13, le silence des longs corridors du palais est troublé par des allées et des venues fréquentes. Les garçons du château montent et descendent; les bougies de l'appartement intérieur s'allument; les valets de chambre sont debout. On vient frapper à la porte du docteur Ivan; on va réveiller le grand maréchal Bertrand; on appelle le duc de Vicence; on court chercher le duc de Bassano, qui demeure à la chancellerie ; tous arrivent et sont introduits successivement dans la chambre à coucher. En vain la curiosité prête une oreille inquiète ; elle ne peut entendre que des gémissements et des sanglots qui s'échappen de l'antichambre et se prolongent sous la galerie voisine. Tout-à-coup le docteur Ivan sort, il descend précipitamment dans la cour, y trouve un cheval attaché aux grilles, monte dessus et s'éloigne au galop. L'obscurité la plus profonde a couvert de ses voiles le mystère de cette nuit.

Voici ce qu'on en raconte :

A l'époque de la retraite de Moscou, Napoléon s'était procuré, en cas d'accident, le moyen de ne pas tomber vivant dans les mains de l'ennemi. Il s'était fait remettre par son chirurgien Ivan un sachet d'opium qu'il avait porté à son cou pendant tout le temps qu'avait duré le danger. Depuis, il avait conservé avec grand soin ce sachet dans un secret de son nécessaire. Cette nuit, le moment lui avait paru arrivé de recourir à cette dernière ressource. Le valet de chambre, qui couchait derrière sa porte entr'ouverte, l'avait entendu se lever, l'avait vu délayer quelque chose dans un verre d'eau, boire et se recoucher. Bientôt les douleurs avaient arraché à Napoléon l'aveu de sa fin prochaine. C'était alors qu'il avait fait appeler ses serviteurs les plus intimes. Ivan avait été appelé aussi ; mais, apprenant ce qui venait de se passer, en entendant Napoléon se plaindre de ce que l'action du poison n'était pas assez prompte, il avait perdu la tête et s'était sauvé précipitamment de Fontainebleau. On ajoute qu'un long assoupissement était survenu, qu'après une sueur abondante, les douleurs avaient cessé, et que les symptômes effrayants avaient fini par s'effacer, soit que la dose se fût trouvée insuffisante, soit que le temps en eût amorti le venin. On dit enfin que Napoléon, étonné de vivre, avait réfléchi quelques instants : « Dieu ne le veut pas ! » s'était-il écrié ; et, s'abandonnant à la Providence qui venait de conserver sa vie, il s'était résigné à de nouvelles destinées. Ce qui vient de se passer est le secret de l'intérieur... Quoi qu'il en soit, dans la matinée du 13, Napoléon se lève et s'habille comme à l'ordinaire. Son refus de ratifier le traité a cessé : il le revêt de sa signature. »

Plus calme après ce grand sacrifice, Napoléon s'enferme dans sa bibliothèque particulière ; il veut prendre une idée exacte de l'île d'Elbe, il choisit les livres et les cartes qu'il emportera avec lui. Il emmènera des généraux fidèles, désintéressés, que le culte du malheur et de la gloire rendra immortels, et six cents vieux soldats formeront le bataillon sacré qui veillera sur ses jours. Mais ces grenadiers qui sont là, pleurant; mais ces autres compagnons d'armes, frémissant dans la grande cour du palais, ils ne suivront pas leur empereur; ils veulent du moins lui faire leurs adieux! Le général Petit, qui les commande, a obtenu cette faveur, ou plutôt cette consolation.

C'était le 20 avril à midi, Napoléon sort de son appartement, accompagné des généraux Drouot et Bertrand; il trouve sur son passage le duc de Bassano, le général Corbineau, le colonel Anatole de Montesquiou, le comte de Turenne, le général Fouler, le baron de Mesgrigny, le colonel Gourgaud, le baron Fain, le colonel Athalin, le baron de Laplace, le baron de Lorgue d'Ideville, le chevalier de Jouanne, le général Kosakowski et le colonel Wonsowitch. Il tend affectueusement la main à chacun, et descend vivement l'escalier du Fer-à-Cheval, s'arrête un moment sur les dernières marches, et jette un coup d'œil rapide autour de lui. Le général Petit était venu au bas de l'escalier prendre ses ordres; l'empereur lui donne la main, lui commande de faire former le cercle, et va prendre place au milieu des officiers; il portait son habit de colonel des chasseurs; mais, contre son habitude, un pantalon bleu avec des bottes à l'écuyère; il faisait face à l'aile neuve du palais. A sa gauche étaient les personnes de l'armée et de sa maison restées à Fontainebleau; plus loin, au bas de l'escalier, les voitures de voyage avec les commissaires étrangers chargés d'accompagner l'empereur à l'île d'Elbe; d'anciens serviteurs aux portes et aux croisées du château : sur la place publique, toute la population de la ville, et, dans la cour, le premier régiment des grenadiers à pied de la vieille garde impériale et les marins de la jeune garde. Le soleil du printemps éclairait cette scène auguste, où le recueillement d'une douleur solennelle s'unissait à la majesté des souvenirs. L'empereur fait signe qu'il va parler, un frémissement respectueux court avec une rapidité électrique dans tous les rangs, et au milieu du plus profond silence :

» Officiers, sous officiers et soldats de la

vieille garde, dit-il, je vous fais mes adieux !

» Depuis vingt ans je suis content de vous ; je vous ai toujours trouvés sur le chemin de la gloire.

» Les puissances alliées ont armé toute l'Europe contre moi ; une partie de l'armée a trahi ses devoirs, et la France elle-même... Mais d'autres destinées lui étaient réservées ; j'ai dû lui sacrifier mes plus chers intérêts.

» Avec vous et les braves qui me sont restés fidèles, j'aurais pu entretenir la guerre pendant trois ans ; mais laFrance eût été malheureuse, ce qui était contraire au but que je me proposais.

» Soyez fidèles au nouveau souverain que la France s'est choisi ; n'abandonnez pas cette chère patrie trop longtemps malheureuse !

» Ne plaignez pas mon sort, je serai toujours heureux lorsque je saurai que vous l'êtes.

» J'aurais pu mourir, rien ne m'était plus facile ; mais non, je suivrai toujours le chemin de l'honneur. J'écrirai ce que nous avons fait. »

A ces mots, le général Petit, qui avait fait trop longtemps violence aux élans de son cœur, oublie le premier la consigne qu'il avait donnée : il agite en l'air son épée et crie : vive l'empereur! Cette acclamation est répétée avec transport par toute la garde.

L'empereur reprend avec émotion : « Je ne puis vous embrasser tous, mais j'embrasserai votre général Petit... (il presse le général dans ses bras). Qu'on m'apporte l'aigle (il l'embrasse trois fois en disant : « Cher aigle! que ces baisers retentissent dans le cœur de tous les braves!

» Adieu, mes enfants !!!

Pendant que l'empereur parlait, ces vieux guerriers, brunis au feu de quarante batailles, attachaient sur lui des yeux avides et mouillés de larmes et leurs lèvres, agitées d'un tremblement convulsif, semblaient aspirer et répéter chacun de ses accents : c'était encore la grande voix d'Austerlitz, d'Iéna, de Wagram, d'Eylau, de Friedland, de la Moscowa, de Montmirail ; et toutes ces victoires semblaient là, debout, à ses côtés. Aussi, lorsqu'il embrassa l'aigle, un enthousiasme frénétique s'empara des soldats ; il n'en est pas un, non pas un, qui dans ce glorieux délire, n'eût versé à l'instant même, sous les yeux de son ancien général, le reste de sang que la guerre avait épargné. De toutes parts, ce n'étaient que transports, larmes, cris, sanglots... Napoléon, calme au milieu de tant de désespoirs, s'arrache à ce spectacle déchirant à ses serviteurs qui baisent ses mains et ses habits ; au général Petit qui le conduit en pleurant jusqu'à sa voiture, où déjà l'attendait le général Bertrand. Il part, et Fontainebleau se couvre de deuil, et le silence succède à cette grande scène, qu'il n'est donné à aucun langage humain de reproduire dans toute sa dignité.

DÉPART DE NAPOLÉON

POUR L'ILE D'ELBE.

Napoléon, après avoir consenti à se rendre à l'île d'Elbe, conformément au traité qu'il avait ratifié le 13, avait demandé à être accompagné, jusqu'au lieu de son embarcation, par un commissaire de chacune des puissances alliées, la Russie, l'Angleterre, l'Autriche et la Prusse. Le comte Schuwaloff fut le commissaire d'Alexandre, le colonel Neil-Campbell celui de l'Angleterre; le général Kohler fut choisi par l'Autriche, et le comte de Walbourg-Truchess par la Prusse. Ces quatre commissaires vinrent pour la première fois, le 16, à Fontainebleau, où l'Empereur les reçut séparément, le lendemain, en audience particulière; mais très-froidement, quoiqu'il les eût lui-même demandés. Celui qu'il accueillit le mieux fut le colonel Campbell. « J'ai cordialement haï les Anglais, lui dit-il; je vous ai fait la guerre par tous les moyens possibles; mais j'estime votre nation. Je suis convaincu qu'il y a plus de générosité dans votre gouvernement que dans aucun autre; je souhaite faire le trajet de Toulon à l'île d'Elbe sur une frégate anglaise. »

Les commissaires autrichien et russe furent accueillis avec indifférence, mais sans une humeur trop marquée. Il n'en fut pas de même du commissaire prussien. Napoléon était resté environ cinq minutes avec les deux premiers; quant au dernier, il lui dit fort sèchement: « Est-ce qu'il y a des Prussiens dans mon escorte? — Non, Sire. — Eh bien, pourquoi prenez-vous donc la peine de m'accompagner? — Sire, ce n'est pas une peine, mais un honneur. — Ce sont des mots que tout cela. Vous n'avez que faire ici. — Sire, il m'est impossible de me démettre de l'honorable mission dont m'a chargé le roi mon maître. » A ces mots, Napoléon tourna le dos au baron de Truchess.

Enfin, le départ fut définitivement fixé pour le 20. Napoléon monta en voiture avec Bertrand.

Pendant toute la première journée, on n'entendit sur la route que les cris de *Vive l'Empereur*! La garde l'accompagna jusqu'à Briare. Il voulait en partir pendant la nuit; les chevaux ayant manqué, l'Empereur ne quitta Briare que le 21, à midi. Un peu avant de remonter en voiture, il eut encore une conversation avec le général Kohler, dans laquelle il lui dit, entre autres choses: « Eh bien, vous avez entendu hier mon discours à ma vieille garde. Voilà comme il faut parler et agir avec eux; et si

Louis XVIII ne suit pas cet exemple, il ne fera jamais rien du soldat français. »

Le 21, Napoléon coucha à Nevers, où il fut encore reçu aux acclamations de la population, qui mêlait, comme cela était arrivé dans plusieurs autres villes, des imprécations contre les commissaires des alliés aux cris d'enthousiasme que causait sa présence. Il en partit, le 22, à six heures du matin. Après Nevers, l'Empereur n'ayant plus d'escorte de la garde, les cris de *vive l'Empereur* cessèrent de se faire entendre; et, comme à cette escorte avaient succédé des corps de Cosaques, il eut la douleur d'entendre crier *vivent les alliés*. Mais quelles que dussent être ces contrariétés, elles n'étaient rien en raison de toutes les tribulations qui attendaient Napoléon au-delà de Lyon, et des dangers réels qu'il eut à courir dans quelques villages de la Provence. Cependant, à Lyon même, où l'Empereur ne fit que passer, le 23, à onze heures du soir, il entendit encore quelques cris de *Vive l'Empereur*, sortis de groupes peu nombreux qui s'étaient réunis devant la poste pendant qu'on changeait de chevaux.

Augereau commandait dans le Midi quand il apprit la déchéance de Napoléon, prononcée par le sénat, et fut un des premiers à envoyer son adhésion au gouvernement provisoire. Exagéré en tout, comme le sont les hommes sans éducation, Augereau avait laissé publier sous son nom une proclamation on ne peut plus violente, et même injurieuse jusqu'à la grosièreté, contre l'Empereur. Napoléon connaissait ou ne connaissait pas cette proclamation; mais ce qu'il y a de certain, c'est que, ayant rencontré Augereau le 24, à peu de distance de Valence, il feignit de tout ignorer, s'il était instruit, et fit arrêter sa voiture, d'où il descendit précipitamment. Augereau en fit autant de son côté, et ils se précipitèrent dans les bras l'un de l'autre en présence des commissaires. On remarqua que Napoléon ôta son chapeau, et qu'Augereau affecta de garder le sien sur sa tête. « Où vas-tu comme ça? lui dit l'Empereur; à la cour? — Non, pour le moment je vais à Lyon. — Tu t'es bien mal conduit envers moi. » Alors Augereau, voyant que l'Empereur le tutoyait, se mit aussi à le tutoyer, comme dans le temps ou ils étaient tous deux généraux en Italie : « De quoi te plains-tu? lui dit-il; n'est-ce pas ton insatiable ambition qui nous a amenés où nous en sommes? Ne lui as-tu pas tout sacrifié, même le bonheur de la France. Je me soucie (le terme était plus énergique) autant des Bourbons que de toi; je ne connais que la patrie. » Là-dessus Napoléon se tourna brusquement du côté du maréchal, lui ôta son chapeau, et remonta dans sa voiture. Les commissaires et toutes les personnes de la suite de Napoléon furent indignés de voir Augereau rester sur la route les mains derrière le dos, et, gardant sa casquette de voyage sur la tête, faire à Napoléon, seulement de la main, un salut dédaigneux.

A Valence, Napoléon vit, pour la première fois, des soldats français ayant à leur chapeau une cocarde blanche : ils appartenaient au corps d'Augereau. A Orange, l'air retentit autour de lui des cris de *Vive le roi!* Ici, la gaîté vraie ou feinte qu'il avait presque toujours montrée sur la route commença à l'abandonner.

Napoléon avait entendu très-peu de cris sur la route de Valence à Avignon; au dernier relais, avant cette dernière ville, un homme vêtu d'habits grossiers, mais dont les souliers fins et les bas de soie contrastaient avec le reste de son costume, et plus remarquable encore par ses lunettes à branches d'or, arriva auprès de la voiture de l'Empereur, après avoir traversé les champs en toute hâte; cet homme monta sur les épaules d'un autre individu, et se pencha dans la voiture, comme pour reconnaître quelqu'un. Pélard, valet de chambre de l'Empereur, l'apercevant, lui reprocha son inconvenance, et l'invita à se retirer; mais comme cet individu ne tenait aucun compte de cet avertissement, un fourrier de l'Empereur, qui était sur le siége de sa voiture, lui montra un pistolet, et mit ainsi fin à cette étrange curiosité. Quelques cris injurieux se firent entendre là ; mais ce n'était qu'un prélude aux scènes qui attendaient Napoléon à Orgon.

S'il fût arrivé à Avignon trois heures plus tard, il n'est pas douteux que c'en eût été fait de lui ; on ne relaya pas à Avignon, où l'Empereur arriva à cinq heures du matin ; mais une heure plus tard, à Saint-Andiol, l'Empereur, qui était fatigué de la voiture, descendit avec le colonel Campbell et le général Bertrand, et monta avec eux la première côte. Son valet de chambre, aussi à pied, l'avait devancé de quelques pas, lorsqu'il rencontra un courrier de la malle qui lui dit : « Ce sont les voitures de « l'Empereur qui viennent là-bas ? — Non, ce « sont les équipages des alliés. — Je vous dis « que ce sont les voitures de l'Empereur. Vous « ne savez pas que je suis un vieux soldat ; j'ai « fait la campagne d'Egypte, et je veux sauver « la vie à mon général. — Je vous répète que « ce ne sont pas les équipages de l'Empereur. « — Il ne s'agit pas de me tromper, je suis sûr « de ce que je dis : je viens de passer à Orgon ; « l'Empereur y est pendu en effigie, et s'il y est

« reconnu, il est mort. Les misérables ont éle-
« vé une potence à laquelle ils ont pendu un
« mannequin revêtu d'un uniforme français cou-
« vert de sang ; ils ont placé sur sa poitrine cette
« inscription : « Voilà comme tu seras un jour.»
« Je ne sais ce qui peut m'arriver de cette con-
« fidence, mais n'importe, profitez-en. » Il remonta dans sa malle, et partit au galop. Le valet de chambre prit le général Drouot à part, et lui répéta ce qu'il venait d'entendre. Drouot alla lui-même en prévenir le général Bertrand, qui le raconta à l'Empereur devant les commissaires des puissances. Les commissaires, justement effrayés, tinrent une espèce de conseil sur la grande route, et il fut décidé que l'Empereur partirait en avant. On demanda à son valet de chambre s'il avait des habits dans sa voiture; celui-ci lui remit une longue capote bleue et un chapeau rond : on voulait y mettre une cocarde blanche, Napoléon n'en voulut pas. Il partit en courrier avec Amaudru, un des deux piqueurs qui escortaient sa voiture, et *brûla* encore la poste d'Orgon. Lorsque les commissaires arrivèrent à Orgon, toute la population des environs était assemblée et criait : A bas le Corse! à bas le brigand! Le maire d'Orgon, celui qu'on avait vu à genoux devant le général Bonaparte, à son retour d'Egypte, s'adressa à Pélard, valet de

chambre de l'Empereur, et lui dit : « Est-ce « que vous suivez ce coquin-là, monsieur? — « Non, lui répondit-il, je suis attaché aux com- « missaires des puissances alliées. — Ah! vous « faites bien; c'est un grand gueux, un scélérat; « je veux le pendre de ma main. Si vous saviez, « monsieur, comme il nous a trompés, ce bri- « gand-là! C'est moi qui l'ai reçu quand il re- « vint d'Egypte; nous voulions dételer ses che- « vaux, traîner sa voiture; je veux me venger « aujourd'hui des honneurs que je lui ai rendus « dans ce temps-là. »

La populace augmentait à vue d'œil; elle vociférait avec cette fureur avec laquelle les habitants du Midi manifestent par des cris leur joie ou leur haine. Des forcenés voulurent forcer le cocher de Napoléon à crier *Vive le roi*; sur son courageux refus, déjà un sabre le menaçait, lorsque, heureusement, les chevaux étant attelés, les postillons enlevèrent la voiture au galop. Les commissaires ne voulurent pas déjeuner à Orgon. On paya les apprêts qui étaient déja faits pour cela, et on se contenta d'emporter les provisions pour manger en chemin. Les équipages ne rejoignirent l'Empereur qu'à la Calade, où ils le trouvèrent arrêté, depuis un quart d'heure, avec Amaudru. Il était debout, près du feu, dans la cuisine de l'auberge, et causait avec la femme de l'aubergiste. Celle-ci lui demandait si le tyran allait bientôt passer. « Ah! monsieur, disait-elle, « on a beau dire, ça n'est pas fini; j'en suis tou- « jours pour ce que je disais tantôt : on ne sera « sûr d'être délivré de lui que quand il sera au « fond d'un puits avec des pierres par-dessus; « je ne serai contente que quand je le verrai « comme ça dans ma cour. Voyez, monsieur, le « Directoire l'avait envoyé en Egypte pour s'en « défaire; eh bien, il en est revenu; il reviendra « encore, monsieur, à moins... » La bonne femme leva la tête, et s'aperçut que la seule personne qui n'eût pas le chapeau à la main était celle à qui elle parlait. Le saisissement qu'elle éprouva d'avoir parlé ainsi de l'empereur à l'empereur lui-même, fit au même moment évanouir toute sa colère. Elle fit entrer toutes les voitures dans sa cour, et fermer la porte de l'auberge, et avertit même l'Empereur qu'il ne serait pas prudent de passer par Aix, où une population de plus de vingt mille âmes l'attendait pour le lapider.

Au milieu de toute cette inquiétude, on servit le dîner, et l'Empereur se mit à table. Il prit admirablement le dessus de l'agitation qu'il devait éprouver; et toutes les personnes qui avaient assisté à ce bizarre couvert, ont été d'accord pour assurer que jamais il n'avait fait autant de frais d'amabilité. Il captiva tout le monde par la richesse de ses souvenirs et de son imagination, et finit cependant par dire avec une négligence, peut-être affectée : « Je crois que c'est « le nouveau gouvernement français qui en veut « à mes jours. » Alors mille projets se heurtèrent dans cette tête toujours pleine de tempêtes, et il songea à éviter le peuple d'Aix, qui, lui avait-on dit, devait se trouver en grande foule à la poste.

Pendant que les commissaires, instruits de ce qui se passait à Aix, se disposaient à envoyer au maire l'ordre d'en fermer les portes, et de veiller à la tranquillité publique, des individus à visages sinistres se rassemblaient autour de l'auberge. Il y en avait déjà plus de cinquante, lorsqu'un homme, qui ne se nommait pas, demanda à parler aux commissaires, et à porter lui-même une lettre au maire d'Aix. Dans cette lettre les commissaires prévenaient ce magistrat que, si les portes de la ville n'étaient pas fermées dans une heure, ils passeraient avec deux régiments de hulans et six pièces de canon, et mitrailleraient tout ce qui s'opposerait à leur passage. Une telle menace eut tout l'effet qu'on en attendait, et l'inconnu revint dire aux commissaires que les portes étaient fermées, et que le maire prenait tout ce qui pouvait se passer sous sa responsabilité.

On évitait bien ainsi les dangers qui avaient menacé l'empereur à Aix ; mais il en restait encore d'autres à braver par suite de sept ou huit heures passées à l'auberge de la Calade. Le nombre des curieux s'était considérablement accru, et ils laissaient assez voir à quels excès ils auraient pu se porter, si les portes de l'auberge n'eussent pas été soigneusement barricadées. La plupart tenaient dans leurs mains des pièces de cinq francs à l'effigie de l'empereur, pour tâcher de le reconnaître par la ressemblance.

On vint dire que tout était prêt pour partir; mais on décida que Napoléon prendrait la pelisse et le bonnet de fourrure du général Kohler, qui était beaucoup plus grand que lui, et qu'il monterait dans la voiture du commissaire autrichien. L'Empereur, ainsi déguisé, quitta l'auberge de la Calade, et gagna sa voiture, entre deux haies de *curieux* qui cherchèrent en vain à le reconnaître.

On partit en tournant les murs d'Aix. Napoléon eût encore la douleur d'entendre les cris : « A bas le tyran! à bas Nicolas! » Une partie de la population était montée dans les arbres, où il pouvait la voir de sa voiture.

Napoléon, attristé de ces témoignages de haine, dit d'un ton de douleur et de mépris en même temps : « Les hommes de ce pays sont tou-
« jours les mêmes, des braillards et des furieux.
« Ces Provençaux ont commis d'affreux massacres au commencement de la révolution. Il y a

« dix-huit ans, j'arrivai dans ce pays avec quelques « milliers d'hommes, pour délivrer deux royalistes qui devaient être pendus. Quel était leur « crime ! d'avoir porté la cocarde blanche. Je les « sauvai ; mais ce ne fut pas sans peine que je les « arrachai des mains de ces enragés ; et, aujourd'hui, vous les voyez qui recommenceraient « les mêmes excès contre celui d'entre eux qui « se refuserait à porter la cocarde blanche ! » A une lieue environ d'Aix, on trouva des chevaux et une escorte de gendarmerie qui suivit juqu'au château du Luc.

Près du Luc, dans une maison de campagne appartenant à M. Chasles, membre du Corps-Législatif, se trouvait alors la princesse Pauline Borghèse. Apprenant les malheurs de son frère, auxquels elle s'étonna qu'il eût pu résister, elle résolut de l'accompagner à l'île d'Elbe, et elle se rendit à Fréjus pour s'y embarquer avec lui. Le colonel Campbell devança l'arrivée du convoi à Fréjus, pour faire entrer dans le port la frégate anglaise *l'Indomptée*, qui d'abord avait été destinée à escorter l'Empereur. Napoléon, malgré le désir qu'il avait exprimé au colonel Campbell, témoigna beaucoup de mauvaise humeur en s'embarquant sur *l'Indomptée* ; mais enfin, le 28 avril, il fit voile vers l'le d'Elbe.

WATERLOO.

Quand l'empereur Napoléon remonté sur le trône, se fût convaincu que l'Europe voulait l'en précipiter une seconde fois à force ouverte, il chercha comment il pourrait le mieux employer les moyens de résistance qu'il avait organisés avec une merveilleuse puissance de création. Sa première pensée fut de rester sur la défensive, de fortifier les positions les plus importantes, de mettre partout de bonnes garnisons, de se réserver sous la main une force imposante qu'il pourrait porter sur tous les points menacés et d'attendre. Obligé de faire le sacrifice de ce premier plan à l'opinion de ceux qui l'entouraient, il résolut de marcher en avant avec cette rapidité terrible à laquelle il avait tant de fois dû la victoire. Nulle part ailleurs qu'en Belgique les ennemis n'étaient encore rassemblés ; mais là étaient cantonnés 224,000 Anglais, Hollandais, Prussiens, Saxons, Belges, Brunswikois et Hanôvriens.

Ce fut là que Napoléon décida que les premiers coups seraient frappés. Vainqueur au

Nord des Prussiens et des Anglais, il reviendrait après avoir rattaché la Belgique à la France, attendre les Russes et les Autrichiens à la frontière de l'est : le temps ne lui manquerait pas ; il était prêt à entrer en campagne dans les premiers jours du mois de juin, tandis que les Russes et les Autrichiens ne pouvaient guère arriver avant la fin du mois de juillet.

Le 14 juin 1815, l'armée Française, forte de 84,600 hommes d'infanterie, de 21,600 hommes de cavalerie et de 350 bouches à feu, était réunie à une lieue de la frontière, et l'empereur, dans une proclamation datée de son quartier général de Beaumont, rappelait aux soldats que ce même jour était l'anniversaire de Marengo et de Friedland, et que pour tout Français qui avait du cœur, le moment était arrivé de vaincre ou de périr.

Les armées anglaise et prussienne, que commandaient en chef les généraux Wellington et Blücher, éparpillées dans des cantonnements éloignés les uns des autres, présentaient une ligne très étendue ; le projet de Napoléon était de les surprendre, de se jeter entre elles, de les séparer absolument, et de les battre l'une après l'autre, en frappant d'abord sur l'armée prussienne. Le succès de ce plan semblait d'autant plus assuré que les ennemis, pleins de sécurité, ne se doutaient nullement, le 14 même, qu'une armée française fût prête à fondre sur eux. Mais, dans la soirée du même jour, trois officiers supérieurs passèrent à l'ennemi, emportant avec eux le secret de l'attaque méditée, et les Prussiens purent du moins faire à la hâte des préparatifs de défense, et rallier en masse leurs corps dispersés. L'avertissement qui leur fut ainsi donné les préserva d'une ruine complète; les avantages qu'obtint Napoléon dans les deux journées du 15 et du 16 juin furent néanmoins immenses. Les deux armées ennemies étaient séparées, et les Prussieurs battus à Ligny avec une perte de 25,000 hommes tués, blessés et prisonniers, se retiraient dans tout le désordre d'une déroute telle qu'une vingtaine de mille hommes se débandèrent et se répandirent en maraudeurs sur les rives de la Meuse. Une trahison avait empêché l'armée prussienne d'être écrasée; l'inexécution d'un ordre de l'empereur sauva ensuite l'armée anglaise, en même temps qu'elle rendait la victoire de Ligny sur les Prussiens moins décisive. Le maréchal Ney avait reçu l'ordre de s'emparer, le 16, d'un point dit des Quatre-Bras, position de la plus haute importance, en ce que c'était par elle seule que les divisions éparses de l'armée anglaise pouvaient se réunir; il avait aussi, d'après ses instructions, à diriger une attaque sur les derrières de l'armée prussienne. « Il se peut, disait l'empereur dans la journée du 16, que dans trois heures le sort de la guerre soit décidé. Si Ney exécute bien ses ordres, il ne s'échappera pas un canon de l'armée prussienne : elle est prise en flagrant délit. » Les ordres ne furent point exécutés, les débris de l'armée prussienne battue échappèrent, et les corps anglais, qui auraient pu être détruits un à un, opérèrent leur jonction. Tels furent les préludes, et l'on peut dire les présages de la bataille de Waterloo. Les résultats obtenus en deux jours de campagne étaient magnifiques ; ils eussent été décisifs sans un concours de circonstances en dehors de toute prévoyance. Le 16 au soir, au lieu d'être en position presque certaine de vaincre, les Français auraient dû avoir définitivement vaincu : il y avait déjà quelque chose de fatal contre la France dans la marche des événements.

Au matin du 17 juin, l'armée française, déployée sur le champ de bataille de Ligny, avait à sa droite les Prussiens en retraite sur Bruxelles par Wavres et Gambloux, et à sa gauche les Anglais réunis aux Quatre-Bras. L'Empereur ordonna au maréchal Grouchy, qui commandait l'aile droite, de s'attacher à la suite immédiate des Prussiens, de les pousser devant lui, l'épée dans les reins, et de se maintenir toujours entre eux et la chaussée de Charleroi à Bruxelles, sur laquelle étaient les Anglais, de manière à empêcher toute jonction entre les armées anglaise et prussienne, et à être lui-même en communication permanente avec le centre de l'armée française. Après avoir ainsi statué sur le fort des Prussiens et les avoir annulés dans ses calculs, l'empereur s'occupa des Anglais, qui, de leur côté, se mirent bientôt en retraite sur Bruxelles. Des retards dans l'exécution des ordres d'attaque donnés à l'aile gauche française empêchèrent de suivre l'ennemi d'aussi près qu'on l'eût pu faire, et de le forcer à recevoir ce jour-là même une bataille, Napoléon craignait que le général Wellington ne profitât de la nuit pour accélerer son mouvement rétrograde, aussi éprouva-t-il la plus vive satisfaction, lorsqu'au matin du 18 juin, les premiers rayons du soleil lui montrèrent l'armée anglaise dans la position de la veille et disposée à accepter le combat.

Cette armée, forte de 90,000 hommes, tant Anglais qu'alliés, rangée en bataille sur la route de Charleroi à Bruxelles, couronnait un plateau, en avant de la forêt de Soignes; son centre occupait le Mont-Saint-Jean. Les Anglais au nombre d'environ 40,000, formaient les seules bonnes troupes des coalisés. L'armée française ne comptait que 69,000 hommes; mais tous étaient des soldats intrépides, aguerris, pleins d'ardeur, de confiance, d'enthousiasme et encouragés par le succès des journées précédentes; pas un ne doutait de la victoire, leur chef joyeux la tenait pour assurée. « L'armée ennemie est supérieure à la nôtre de » près d'un quart, disait l'empereur en déjeûnant : nous n'en avons pas moins quatre» vingt-dix chances pour nous et pas dix con» tre. »

La pluie qui depuis quelques jours, tombait

par torrents, avait amolli le terrain ; les mouvements ne pouvant donc s'opérer qu'avec lenteur et difficulté; ce ne fut que vers onze heures du matin que l'attaque sur la ligne anglaise commença. Elle durait depuis une heure avec avantage pour les assaillants, lorsque Napoléon, dont l'œil perçant parcourait l'espace, découvrit un corps de troupes qui se montrait à une assez grande distance, sur la gauche de l'armée anglaise. C'étaient 30,000 Prussiens sous les ordres du général Bulow. « Nous avions ce matin quatre vingt dix chances pour nous, l'arrivée de Bulow nous en fait perdre trente, » s'écria l'empereur lorsqu'il eut reconnu les ennemis. 10,000 hommes, commandés par le général Lobau, furent envoyés pour leur tenir tête; il était extraordinaire que le maréchal Grouchy eût laissé passer ces 30,000 Prussiens; mais ils fuyaient peut-être devant lui, et tout à l'heure, sans doute, il allait aussi paraître sur leurs traces.

Quoique l'armée française, diminuée des 10,000 hommes détachés contre le général Bulow, fût réduite à 59,000 combattants contre 90,000, l'attaque contre les Anglais n'en continua pas moins, les Anglais résistèrent avec un courage héroïque; mais l'impétuosité française l'emporta. A cinq heures la victoire était acquise aux Français; les caissons, les bagages, les blessés de l'armée anglaise étaient en pleine et tumultueuse retraite sur Bruxelles. Wellington, versant des larmes sur ses intrépides soldats moissonnés autour de lui à leur poste, s'écriait :

« Il faut encore quelques heures pour tailler en pièces ces braves gens : plût au ciel que la nuit, et les Prussiens arrivassent avant! » Les Prussiens arrivaient. Les 10,000 soldats du général Lobau avaient dû céder peu à peu devant des forces trop supérieures, et le général Bulow allait se réunir à l'armée anglaise; de nouvelles troupes dirigées contre lui l'obligèrent à rétrogader, et à abandonner les Anglais à leur destinée : à sept heures du soir une seconde victoire était gagnée sur les Prussiens et sur les Anglais. A ce moment même, 30,000 Prussiens nouveaux commandés par le général Blücher, parurent entre les généraux Bulow et Wellington, et le maréchal Grouchy n'arrivait pas. Une troisième bataille commença, mais avec des chances tellement inégales, que le génie et le courage ne pouvaient plus rien pour rétablir l'équilibre. Indépendamment de leur immense supériorité numérique, les ennemis comptaient 38,000 hommes de troupes fraîches, tandis que les Français n'avaient pas un corps qui n'eût été engagé ; la réserve elle-même, composée des soldats les mieux disciplinés, s'était laissé entraîner, dans la chaleur de l'action, à attaquer, dit-on, sans ordre. Cependant, à cette heure suprême, le génie ne manqua pas plus au chef que le courage ne manqua aux troupes. Napoléon ordonna des manœuvres que les hommes de guerre ont jugées admirables et capables de lutter contre la fortune même; ces manœuvres furent bien exécutées ; mais, sur un point, un corps français fléchit sans avoir fait une belle résistance. Ce fut une trouée par laquelle les flots ennemis se précipitèrent dans l'armée française et l'inondèrent ; les Français ne pouvaient plus que mourir et non plus vaincre ; ils moururent en effet, et la bataille fut perdue.

L'arrivée du général Blücher sur le champ de bataille, au moment du dénouement, décida seule du sort de la journée, et nous avons vu que Napoléon avait pris ses mesures pour que pas un Prussien ne pût intervenir dans son duel avec Wellington. Malheureusement le le maréchal Grouchy manqua à ses instructions; il poursuivit mollement les Prussiens, leur laissa prendre assez d'avance sur lui pour se rallier et se rabattre sur le champ de bataille de Waterloo, et lorsque le bruit du combat l'appelait, lorsque les généraux sous ses ordres le suppliaient de marcher sur le canon, le maréchal Grouchy marcha dans une autre direction.

En résumé, si les suites de la bataille de Waterloo furent matériellement désastreuses pour la France, la gloire et la réputation militaire de l'armée française et de son chef, reçurent une éclatante consécration de cette journée funèbre. Victorieuse de l'armée anglaise numériquement supérieure d'un quart, victorieuse une seconde fois de cette même armée renforcée de 30,000 Prussiens, l'armée française ne succomba que lorsque, épuisée par tout un jour de combat, elle eût encore à lutter contre 30,000 ennemis nouveaux.

Dans cette bataille que nous perdîmes, et que personne n'eût la gloire de gagner ; dans cette bataille qui consomma la ruine du plus grand de tous les capitaines, il y a une fatalité à laquelle il est impossible, pour des cœurs français, de réfléchir un instant sans être brisé. L'empereur lui-même, cet homme de bronze, plia sous le poids de ses poignantes émotions dans cette cruelle journée; il poussa son cheval au milieu du dernier bataillon de réserve, là où la mitraille ne pouvait manquer de l'atteindre. Ses vieux généraux, ses vieux soldats, blessés et encore debout, le conjurèrent de se retirer, il fallut presque l'y contraindre par la violence.

Rallier les fuyards était impossible. Napoléon indiqua Laon pour point de réunion à ses lieutenants, et prit lui-même la route de Paris où il arriva le 20, à neuf heures et demie du soir, abîmé de douleur, et succombant à la fatigue. Il descendit à l'Elysée. Sa respiration oppressée ne laissant échapper de sa bouche que des paroles entrecoupées : « L'armée, dit-il a fait des prodiges de valeur... d'incroyables efforts... quelle troupes !... Ney s'est conduit comme un fou... Il a fait échapper sa cavalerie... Tout a été perdu.

Il se mit au bain, et son anxiété ne lui permettait aucun repos. L'altération affreuse de ses traits dévoilait assez clairement les souffrances qu'il avait dû éprouver dans cette crise.

Lucien et Joseph entrèrent ; l'Empereur les interrogea avec anxiété sur l'attitude que prenaient les chambres. Ils lui conseillèrent de différer la convocation pour la séance impériale, et de laisser agir préalablement les ministres. L'Empereur passa successivement en revue les moyens de réparer les désastres de Waterloo ; il traça à grands traits le tableau des malheurs qui menaçaient la France, et termina par l'exposé d'un admirable plan de la défense et d'attaque à opposer à l'envahissement de l'ennemi. Les diverses nuances d'opinion des membres du conseil se fondirent dans une seule, et se réunirent pour approuver les dispositions de l'Empereur. Il fut décidé que les ministres se rendraient en corps à la chambre, et feraient une communication officielle, sauf à prendre une résolution suivant l'urgence des circonstances.

Mais en ce moment le conseil fut interrompu par un message de la chambre des représentants. La chambre se déclarait en permanence, qualifiait crime de haute trahison toute tentative pour la dissoudre, et traître à la patrie quiconque porterait atteinte aux droits des représentants. Les ministres de la guerre, des relations extérieures et de l'intérieur étaient invités à se rendre sur-le-champ dans le sein de l'assemblée. L'empereur, pâle de colère, se leva, et frappant avec violence sur le bureau, s'écria avec l'accent de l'indignation : « J'aurais dû congédier ces « gens-là avant mon départ. Je l'ai prédit, ces « factieux perdront la France ! Je mesure toute « l'étendue du mal ; ils sont en pleine révolte « contre l'autorité légitime. J'ai besoin de ré- « fléchir, » et il leva la séance.

L'Empereur, irrité, envoya Régnault à la chambre des députés, porteur de paroles dignes et convenables ; et Carnot à la chambre des pairs, chargé de la même communication ; il y fut écouté avec calme. Régnault, à la chambre des députés, ne put parvenir à obtenir même du silence ; on refusa de l'entendre.

Enfin l'abdication fut arrachée à Napoléon ; il se démit pour la dernière fois du trône en faveur de son fils.

Lorsqu'arriva la députation de la chambre des députés, chargée de lui exprimer le respect et la reconnaissance avec lesquels elle acceptait le sacrifice qu'il avait fait à l'indépendance et au bonheur du peuple français, l'Empereur, fier et digne, l'accueillit froidement ; mais, entraîné par les sentiments qui le débordaient, son discours, fort de raisonnement, plein de hautes et grandes pensées, ses recommandations si nobles pour la prospérité et la gloire nationale, émurent tous les assistants.

Pendant ce temps, l'attitude de la population parisienne était remarquable. L'on sentait fort bien que ce n'était pas avec de furibondes harangues de tribune qu'on sauverait le pays... L'ennemi était à dix lieues de Paris. L'empereur, prisonnier à l'Elysée, excitait la sympathie du peuple, qui se montrait menaçant et jetait l'épouvante dans la capitale. Des bandes de fédérés parcouraient les rues en faisant entendre des menaces contre les représentants; la force armée, aux ordres de Fouché, entourait la chambre, et protégeait ses délibérations; et les abords de l'Elysée étaient encombrés d'une foule furieuse qui mêlait des cris de mort aux cris de *vive l'Empereur*.

De quart d'heure en quart d'heure, il arrivait à l'Empereur des nouvelles de la chambre; l'orage grossissait; la foudre éclata enfin. Qu'on le sache bien, ce ne furent pas les insolentes insinuations des représentants qui décidèrent l'Empereur à quitter la capitale, où les meneurs le voyaient avec effroi. Las du trône, las des hommes, il les méprisait trop pour les redouter; il céda non à la crainte, mais au dégoût que lui inspiraient leurs lâchetés. Il ne voulut pas que le sang coulât dans les rues de Paris pour le triomphe de sa cause.

Le 25 à midi, il partit de l'Elysée pour la Malmaison. Becker fut désigné pour l'accompagner à l'île d'Aix, jusqu'à son embarquement, ou plutôt pour surveiller les mouvements du prisonnier...

Il fallait cependant qu'il s'éloignât, il le fallait pour sa propre sûreté. Decrès et Boulay de la Meurthe le décidèrent à fixer son départ au lendemain.

Mais le matin, l'empereur ayant entendu le canon gronder à quelque distance, électrisé par ce bruit, il s'écria : « Qu'on me rende le commandement, et je jure, foi de soldat et de « citoyen, de m'éloigner aussitôt que j'aurai « délivré la capitale. Je ne veux que battre l'ennemi, l'écraser et le forcer à consentir à des « négociations qui ménagent les intérêts de la « France... Je ne veux pas ressaisir le pouvoir, « Dieu m'en garde ! je ne veux que me battre « pour mon pays. »

Becker fut chargé d'apporter à la commission une lettre qui reproduisait à peu près cette noble détermination. Le duc d'Otrante, un moment effrayé, reprit bientôt sa fourbe accoutumée, et s'écria de sa voix aigre et discordante : « Est-ce » *qu'il* se moque de nous ! »

Marie-Louise fut plus qu'inhabile, elle fut au-dessous de sa position.

L'Empereur, qui connaissait les hommes, ignorait les femmes. Il n'avait pas vécu parmi elles et ne les comprenait pas ; il dédaignait une si futile étude. Ses sensations toutes matérielles, à l'égard des femmes, n'admettaient pas, comme un moyen de séduction chez elles, l'esprit, l'intelligence et le talent ; il n'aimait pas qu'elles fussent instruites ou célèbres, ni qu'elles sortissent de leurs attributions vulgaires. Il les plaçait dans l'ordre social, terre-à-terre, sans action et sans influence sur la volonté de l'homme. Une femme, c'était à ses yeux une gracieuse création, un joli jouet, un agréable passe-temps, et rien de plus. On a cherché à romantiser ses amours d'une heure ; mais la vérité est qu'il n'eut jamais de ces liaisons où le plus fort est le plus faible, où le cœur, asservi, enivré, donne plus qu'on ne lui demande !.... « L'amour, » disait-il une fois, « l'amour, c'est une folle préoccupation, voilà tout. »

Carnot et Caulaincourt firent quelques objections en faveur du projet de Napoléon, et cependant, il faut le dire, son exécution offrait de graves dangers. Fouché s'emporta ; on discuta vivement ; la majorité fut contraire à cette mesure ; l'Empereur alors se décida à partir ; et envoya le général Flahaut pour concerter avec la commission son départ et son embarquement.

Le départ de l'Empereur pour Rochefort fut enfin irrévocablement arrêté pour le 29 juin. Il sembla, dès lors, recouvrer quelque calme, ce qui lui arrivait toujours lorsqu'il était parvenu à soumettre sa raison à la nécessité.

Intérieurement dévoré de cruels chagrins, il sut en dissimuler les angoisses, et se poser en maître devant ses persécuteurs. Il s'occupa froidement des préparatifs de son voyage et de quelques dispositions particulières. Il fit mander le banquier Laffitte; lui donna en dépôt huit cent mille francs en espèce, et pour trois millions de rentes, sans vouloir prendre de reçu de ces sommes importantes (1).

Le 29 juin, Napoléon quitta la Malmaison accompagné du général Becker, et le 5 juillet il arriva à Rochefort ; aussitôt des milliers de citoyens entourèrent la préfecture maritime que l'on supposait occupée par l'Empereur.

(1) *Souvenirs du duc de Vicence.*

L'on s'entretenait à voix basse des craintes qu'on éprouvait pour la vie de l'illustre procrit. Les Bourbons de retour, se disait-on, ne vont-ils pas encore une fois mettre sa tête à prix !

Les masses parlaient déjà de recourir aux armes ; mais, informées que deux frégates étaient à la disposition du monarque, leur irritation se calma. L'Empereur s'avança jusqu'au milieu de la terrasse, accompagné du préfet maritime et des généraux. Un religieux silence s'établit : tous les cœurs battirent avec force, toutes les ames semblèrent s'identifier avec celle du grand homme et ressentir ses malheurs...

Calme et résigné, il salua la foule avec un sentiment marqué de bonté, et les acclamations vives et frémissantes de : Vive l'Empereur ! vive le roi de Rome ! éclatèrent sans interruption.

Napoléon ne parut le lendemain qu'à l'une des croisées de ses appartements ; les mêmes acclamations l'accueillirent. De nombreuses propositions lui furent adressées pour l'inviter à se placer encore à la tête des armées du midi ; mais il s'y refusa : le premier vœu de son cœur était d'épargner à la France les désastres d'une guerre civile. Son parti était pris d'être la seule victime de la haine des rois.

Le 8 juillet, Napoléon monta à bord de la

frégate la *Saale*, mouillée avec la *Méduse* sur la rade de l'île d'Aix, et descendit dans l'Ile.

Le lendemain, les Anglais n'avaient pas encore paru. Le même dévoûment et le même respect grave et religieux, qui l'avaient accueilli à Rochefort, se manifestèrent dans toute l'île, surtout de la part des militaires. Un grenadier marin lui dit : Mon Empereur, nous vous portons tous là ! Vive notre empereur ! A l'armée de la Loire ! à l'armée de la Loire ! répétèrent les militaires et les citoyens...

L'empereur se dirigea vers les fortifications, et commença par visiter l'ancienne citadelle. L'émotion qu'il venait d'éprouver était calmée ; son ame, toutefois, était visiblement ébranlée à chaque témoignage d'attachement qu'il recevait ; mais il s'élevait au-dessus de son infortune.

Peu d'instants après, il retourna à bord de sa frégate, et eut jusqu'à son canot le 14e régiment de marine tout entier pour escorte.

Cependant dans la journée du 10, le vaisseau anglais *le Bellérophon* vint prendre position sur la rade des Basques, hors de la portée des bombes de la forteresse ; dès-lors le passage de nos deux frégates devenait presque impraticable.

Le brave commandant de *la Méduse* propos

au commandant de *la Saale* d'appareiller dans la nuit pour profiter d'une brise favorable, tandis qu'il attaquerait le vaisseau ennemi à l'ancre, pour l'empêcher de poursuivre *la Saale* avec quelques chances de succès.

Cette noble et téméraire proposition ne fut pas accepté, et l'Empereur, prévenu par M. Philibert, commandant de *la Saale*, qu'il craignait de recevoir l'ordre de ne plus le garder à bord, quitta la frégate et descendit à l'île d'Aix.

Un des lieutenants de vaisseau, commandant l'une des compagnies du 14e régiment de marine, le capitaine Genty, conçut alors le projet d'arracher le monarque au sort qui le menaçait.

Ce projet consistait à acheter deux petits bâtiments pontés qui faisaient le cabotage à l'île d'Aix, et qui se trouvaient mouillés sur la rade de cette dernière île. Les deux équipages devaient se composer d'officiers et de sous-officiers, marins déterminés. Le premier navire de commerce que les fugitifs eussent rencontré en mer, sous quelque pavillon qu'il naviguât, pourvu qu'il ne fût pas français, eût été abordé, et contraint de faire route pour les Etats-Unis. Ce projet fut communiqué à l'Empereur, qui l'approuva et donna l'ordre de traiter de suite de l'achat de ces deux petits bâtiments. Le 15, tout étant disposé à onze heures du soir, les deux petits bâtiments mirent sous voiles, et, se tenant très près de terre, ils attendirent son arrivée. La troisième heure d'une impatiente attente venait de s'écouler, et personne n'avait encore paru au point convenu. Dès ce moment, il fallut renoncer au dernier moyen de salut pour l'Empereur ; le jour allait paraître.

Les motifs qui empêchèrent l'Empereur d'être au point indiqué pour son embarquement n'ont jamai sété bien connus (1). La cause la plus vraisemblable est toutefois qu'au nombre des personnes de la suite, il se trouvait des dames, des enfants dont les préparatifs de voyages furent plus longs que les circonstances ne le permettaient

Sur ces entrefaites, le roi Joseph vint prévenir son frère qu'un navire américain se trouvait à Bordeaux, prêt à faire voile pour les Etats-Unis; que sa voiture était sur l'une des rives de la Charente, d'où elle pouvait en quelques heures atteindre la Gironde, mais cette proposition fut encore rejetée.

Dans la soirée, on fut informé que Napoléon

(1) On lit dans *Montgaillard*, que ce fut madame Bertrand, née Dillon qui décida l'Empereur à se rendre à bord du vaisseau anglais le *Bellérophon*. Un capitaine Danois jura sur sa tête de sortir l'Empereur, de le mettre en pleine mer; il exigeait seulement que le fugitif fût soigneusement caché pour le départ. Napoléon d'abord persuadé, finit par céder aux représentations de madame Bertrand.

allait prendre passage sur *le Bellérophon*, pour se rendre en Angleterre, et le 14, à trois heures et demie du matin, il monta à bord du brick *l'Epervier*, ayant pavillon parlementaire, qui fit route vers le vaisseau anglais. Mais le vent et la marée se trouvant contraires, il était de toute impossibilité que *l'Epervier* pût atteindre le mouillage du *Bellérophon* avant le reflux. Dans son impatience, l'officier anglais expédia ses péniches, qui vinrent à la rencontre de *l'Epervier*, et le sacrifice fut consommé !

Le même jour, une frégate anglaise, sur laquelle était embarqué le général Gourgaud, appareilla et mit à la voile vers l'Angleterre. Le capitaine Maitland écrivit, par la voie de cette frégate, aux lords commissaires de l'amirauté : que Napoléon lui ayant fait proposer de le recevoir à son bord, se remettant lui-même à la générosité du prince régent, il avait accédé à cette proposition, s'y croyant autorisé par l'ordre *secret* de LL. Seigneuries. — Il ajoutait que, pour éviter tout malentendu, il avait annoncé clairement qu'il n'était autorisé en aucune manière à accorder des conditions d'aucune espèce ; que tout ce qu'il pouvait faire était de conduire Napoléon et sa suite en Angleterre, pour y être reçu de la manière que le prince régent trouverait convenable.

La lettre pour le prince régent, dont M. Gourgaud fut chargé, était ainsi conçue :

Altesse royale,

« En butte aux dissensions qui divisent mon « pays et à l'inimitié des puissances de l'Europe, « je termine ma carrière politique. Je viens, « comme Thémistocle, m'asseoir au foyer du « peuple britannique. Je viens me mettre sous « la protection de ses lois, que je réclame de « V. A. R., comme du plus puissant, du plus « constant et du plus généreux de mes en- « nemis.

« NAPOLÉON. »

Pour chercher à expliquer l'excès d'une telle confiance, on a prétendu, comme nous l'avons rapporté déjà, que ce fut sur l'assurance des vertus hospitalières du gouvernement anglais à l'égard d'un ennemi désarmé, donnée à Napoléon, par madame Bertrand, que ce prince avait renoncé trop facilement au projet courageux d'abord formé. Son cœur, brisé par l'infortune et avide de repos, accepta, sans réflexions, ces trompeuses espérances.

Cependant Fouché, le premier dans Paris, instruit de l'embarquement sur le *Bellérophon* par la voie du télégraphe, s'empressa d'écrire le billet suivant au lord Castlereagh, qui venait d'arriver à Paris.

« J'ai l'honneur d'informer votre seigneurie « que Napoléon Bonaparte, ne pouvant échapper « aux croiseurs anglais, ni aux gardes mises sur « les côtes, a pris la résolution de se rendre à « bord du vaisseau anglais le *Bellérophon*, ca- « pitaine Maitland.....

« J'ai l'honneur d'être, etc. »

Signé duc d'OTRANTE.

Lord Castlereagh eut ainsi la facilité de régler d'avance la direction du ministère anglais.

Gourgaud revint ; il ne lui avait pas été permis de parvenir jusqu'au prince régent. Dès lors, l'Empereur ne se fit plus d'illusion ; il connut qu'il était livré à ses ennemis. Lord Keith enfin se rendit à bord du *Bellérophon*, et remit à Napoléon une déclaration ministérielle où on lisait :

« Il ne peut convenir ni à nos devoirs envers notre pays, ni à nos alliés, que le général Bonaparte conserve le moyen de troubler de nouveau la paix du continent. L'île de Sainte-Hélène a été choisie pour sa future résidence. *Le climat est sain*, et la situation locale permettra qu'on l'y traite avec plus d'indulgence qu'on ne le pourrait faire ailleurs, *vu les précautions indispensables qu'on serait obligé d'employer pour s'assurer de sa personne..... »*

A cette violation manifeste des droits du malheur et de l'humanité, l'Empereur, indigné, répondit par cette protestation éloquente adressée à lord Keith :

« Je proteste solennellement ici, à la face du « ciel et des hommes, contre la violence qui « m'est faite, contre la violation de mes droits « les plus sacrés, en disposant, par la force, de « ma personne et de ma liberté. Je suis venu « librement à bord du *Bellérophon*. Je ne suis « pas le prisonnier, je suis l'hôte de l'Angle- « terre. J'y suis venu à l'instigation même du « capitaine, qui a dit avoir des ordres du gou- « vernement de me recevoir et de me conduire « en Angleterre avec ma suite, si cela m'était « agréable. Je me suis présenté de bonne foi, « pour venir me mettre sous la protection des « lois de l'Angleterre. Aussitôt assis à bord du » *Bellérophon*, je fus sur le foyer du peuple bri- « tannique. Si le gouvernement, en donnant des « ordres au capitaine du *Bellérophon*, n'a voulu « que me tendre une embûche, il a forfait à « l'honneur et flétri son pavillon. Si cet acte se « consommait, ce serait en vain que les Anglais « voudraient parler désormais de leur loyauté, « de leurs lois, de leur liberté. La foi britanni-

« nique se trouvera perdue dans l'hospitalité du
« *Bellérophon*.

« J'en appelle à l'histoire : elle dira qu'un
« ennemi, qui fit vingt ans la guerre au peuple
« anglais, vint *librement*, dans son infor-
« tune, chercher un asile sous ses lois : quelle
« preuve plus éclatante pouvait-il lui donner
« de son estime et de sa confiance? mais com-
« ment répondit-on, en Angleterre, à une telle
« magnanimité? On feignit de tendre une main
« hospitalière à cet ennemi, et, quand il se fut
« livré de bonne foi, on l'immola.

« NAPOLÉON. »

On n'eut aucun égard aux cris de la victime. *On avait décidé que ce qui était expédient était juste, que ce n'était plus le temps de consulter la raison et l'équité, et que la loi du plus fort était applicable.*

L'amiral Cokburn fut chargé de traîner, sur le *Northumberland*, l'illustre captif et la suite qu'on lui avait permis d'avoir. Quant à l'argent, aux diamants, aux valeurs négociables, estimés par les Anglais eux-mêmes à une valeur de dix millions, les forbans s'en emparèrent, à l'exception seulement de trois ou quatre mille pièces d'or, et il fut signifié à l'Empereur *qu'une fois arrivé à Sainte-Hélène, il serait mis en prison s'il cherchait à s'évader* !!

Le 7 août, Napoléon fut embarqué, après avoir reçu les adieux déchirants du duc de Rovigo, du général Lallemand, etc., qui, pour toute *hospitalité*, furent emprisonnés aussi sur un rocher (Malte).

Le 17 octobre 1815, Sainte-Hélène fut en vue. Le lendemain, Napoléon, en débarquant, prononça les paroles suivantes : « Les malheurs « ont aussi leur héroïsme, leur gloire... L'ad- « versité manquait à ma carrière. Si je fusse « mort sur le trône, dans les nuages de ma « toute-puissance, je serais demeuré un pro- « blème pour bien des gens ; aujourd'hui, grâce « à mon malheur, on pourra me juger à nu. »

Napoléon passa les deux premiers mois de sa captivité à Briare (aux ronces), dans un pavillon composé d'une seule chambre et d'un grenier, où pénétraient le vent et la pluie. Deux mois après, le prisonnier prit possession de l'habitation de Longwood, sous la surveillance du gouverneur. Indépendamment de l'influence du climat, on chercha, par les privations de tous les genres, à rendre la vie du prisonnier aussi misérable qu'il fût possible.

Sir Georges Cockburn, premier gouverneur de l'île, était sévère, mais plein de générosité. On le remplaça, en 1816, par Hudson Lowe, ancien commandant des pontons. Dès ce moment

Napoléon fut en butte à toutes les vexations possibles. Il fut obligé de vendre sa vaisselle pour vivre.

Voici son genre de vie à Longwood:

« L'heure du lever de Napoléon n'était pas régulière; elle dépendait du repos dont il avait joui pendant la nuit. Généralement il dormait peu. Souvent il se levait à trois ou quatre heures. Il lisait alors ou écrivait jusqu'à six ou sept; et, lorsque le temps était beau, il sortait quelquefois à cheval, suivi d'un de ses généraux, ou il se recouchait une heure ou deux. Lorsqu'il était au lit, il ne pouvait dormir, à moins qu'il ne fût dans l'obscurité la plus profonde. Il déjeunait tantôt en particulier, tantôt dans sa salle à manger avec tout le monde, et toujours à la fourchette. Après le déjeuner, il dictait ordinairement plusieurs heures consécutives à quelqu'un de sa suite, et sur les trois heures il admettait les personnes qu'il avait consenti de recevoir. En quatre et cinq heures, lorsque le temps le permettait, il montait à cheval, et se promenait une heure ou deux avec toutes les personnes de sa suite. A son retour, il dictait ou lisait jusqu'à huit heures, ou faisait une partie d'échecs. Alors on servait le dîner, qui rarement durait plus de vingt minutes ou une demi-heure. Après le dîner, lorsqu'il ne recevait point de visite, il jouait quelquefois aux échecs ou au whist; mais le plus ordinairement il s'entretenait avec ses convives, ou il lisait haut pendant une heure. Ordinairement il se retirait à dix ou onze heures, et se mettait aussitôt au lit.

Le 17 juin 1816, trois commissaires envoyés par les puissances continentales pour veiller sur Napoléon arrivèrent à Sainte-Hélène.

Aux persécutions et au manque d'égards continuels qu'Hudson Lowe faisait éprouver à Napoléon, vint se joindre quelque chose de plus affligeant encore. A la fin de novembre 1816, Hudson Lowe fit arrêter Las Cases père à Longwood. La cause de cette arrestation était une lettre écrite sur de la soie, que Las Cases le père avait donnée à Scott, son domestique, pour la porter en Angleterre.

Las Cases fut obligé de se rendre au Cap, et de là en Europe.

Bientôt aux souffrances morales de Napoléon vinrent s'unir les souffrances physiques. Il fut atteint d'une hépatite chronique (maladie du foie), maladie mortelle à Sainte-Hélène; mais le dépérissement visible de sa santé n'adoucit point la conduite de Hudson Lowe à son égard. Napoléon aimait à s'entretenir avec son chirurgien O'Meara, qui venait le voir presque tous les jours. Cette compagnie lui fut ôtée par Hudson Lowe, qui ordonna, en juillet 1818, au docteur de quitter Sainte-Hélène.

Gourgaud forcé par le mauvais état de sa santé, de fuir au climat destructeur, essaya mais en vain, d'attirer l'attention de l'Europe et de ses souverains sur Napoléon mourant.

Napoléon, depuis un an, était sans médecin, le gouvernement lui avait enlevé Stolké, qui avait succédé au docteur O'Meara. M. Antommarchi, né en Corse, et professeur d'anatomie à Florence, lui fut envoyé par le cardinal Fesch, avec deux ecclésiastiques, MM. Buonavita et Vignali.

Le docteur Antommarchi conseillait un jour à Napoléon d'aller respirer au grand air.

« Non, lui dit-il, l'insulte m'a long-temps confiné dans ces cabanes, aujourd'hui le manque de forces m'y retient. »

Quelque temps après, Napoléon interrompant M. Antommarchi :

« — Eh bien docteur! dois-je mourir? dois-« je vivre? Franchement, qu'en pensez-vous?

« — Que votre majesté n'est pas au terme de « sa carrière.

« — Ah! ah! docteur, aussi vrai qu'un mé-« decin! Mais je saurai vous forcer à l'être. »

Puis, en parlant de Sainte-Hélène :

« Point d'ombre, point de verdure; nous n'a-

« vons que quelques arbres à gommes, encore « sont-ils mutilés; le vent les a courbés dans le « sens de sa direction. Plus de végétation, plus « de vie à cette hauteur !.. L'homme finit vite où « les plautes s'étiolènt ; c'est un calcul qui n'a « pas échappé. Ne sait-on pas le temps qu'on use « à Sainte-Hélène ? Y connaît-on des vieillards? « y trouve-t-on des individus qui atteignent 50 « ans ?Et, parmi ceux qui sont frappés d'hépatite « combien meurent, combien survivent ?Com- « ment se rétabliraient-ils ?Ils hument l'air, cha- « que aspiration est un coup d'épingle qui con- « court à leur trépas; et voilà ce que la noble An- « gleterre se proposait dans son guet-apens!... »

Affaibli par la souffrance, il ajouta avec une expression douloureuse: « Ah! où est la France? « où est son riant climat ? Si je pouvais la con- « templer encore! si je pouvais respirer au moins « un peu d'air qui eût touché cet heureux pays! « Quel spécifique que le sol qui nous a vu naî- « tre ! »

Cependant il s'opérait en lui un dépérissement visible ; mais sa mémoire était toujours aussi vive, aussi lumineuse qu'au temps de sa splendeur.

La maladie augmentait toujours, et la mort prématurée de Napoléon était aussi certaine que si on l'avait livré au bourreau. A Sainte-Hélène comme à Londres, on prévoyait la fin de sa douloureuse agonie.

Tandis qu'il se mourait, le ministère anglais enjoignait au gouverneur de redoubler de surveillance.

Dans le mois de février, une comète parut au-dessus de Sainte-Hélène. On pressait le malade de lever les yeux pour voir ce phénomène ; mais les instances qu'on lui fit furent inutiles.

Les derniers jours de Napoléon furent aussi grands que les plus beaux instants de sa vie. Certain de sa mort, il souriait de pitié lorsqu'on cherchait à lui donner de l'espoir. « Pouvez-« vous joindre cela ? dit-il un jour, après avoir « coupé en deux le cordon de la sonnette de son lit..... Aucun art ne peut me sauver la vie. « J'aurais voulu revoir ma femme et mon fils.... « mais que la volonté de Dieu soit faite ! Il n'y a « rien de terrible dans la mort ; elle a été la « compagne de mon oreiller pendant ces trois « dernières semaines, et à présent elle est prête « à s'emparer de moi pour jamais..... » On vint lui apprendre que la nouvelle maison qu'il devait habiter était prête : « Elle me servira de tombeau ! » dit-il ; et en effet, on en prit plus tard les pierres pour bâtir le caveau où il reposa.

Le 15 avril, Napoléon s'enferma avec le général Montholon et Marchand, et fit son testament.

Antommarchi arriva : Voilà mes apprêts, doc« teur ! lui dit Napoléon en lui montrait les pa« piers qui couvraient le tapis. — Je m'en vais, « plus d'illusion. Je suis résigné. »

Par ce testament, Napoléon montra qu'il avait conservé toute sa force d'âme et sa mémoire ; personne ne fut oublié, non seulement ceux qui le suivirent dans son exil et lui prodiguèrentde si tendre soins, mais ceux dont il était séparé depuis six années.

Les comtes Montholon, Bertrand, et Marchan urent institués ses exécuteurs testamentaires.

Le 19 avril il était mieux : « Vous vous ré« jouissez, et vous ne vous trompez pas ; je suis « mieux, dit-il; mais je n'en sens pas moins ma « fin prochaine. Lorsque je ne serai plus, chacun « de vous aura le bonheur de revoir l'Europe et « sa famille. Moi, je reverrai mes braves dans « les Champs-Elysées. Oui, ajouta-t-il solennel« lement, Kléber, Desaix, Bessière, Duroc, « Ney, Murat, Masséna, Berthier, tous viendront « à ma rencontre. En me voyant, ils deviendront tous fous d'enthousiasme et de gloire. Nous causerons de nos guerres avec les Scipion, les Annibal, les César, les Frédéric ; à moins, ajouta-t-il en riant, que là-bas on ait peur de voir tant de guerriers en semble.

Arriva, sur ces entrefaites, Arnott, médecin

anglais : « C'en est fait, docteur, lui dit Napo-« léon, le coup est porté ; je touche à ma fin : « je vais rendre mon corps à la terre. »

Depuis ce jour, l'état de Napoléon alla toujour en empirant ; le 4 mai, il fut au plus mal : « Le temps était affreux, dit le docteur Antommarchi; la pluie tombait sans interruption, et le vent menaçait de tout détruire. Le saule sous lequel Napoléon prenait habituellement le frais avait cédé; un seul arbre à gomme résistait encore, lorsqu'un tourbillon le saisit, l'enlève et le couche dans la boue. Rien de ce qu'aimait l'empereur ne devait lui survivre. »

Enfin, le 5 mai 1821, à six heures du soir, après une agonie calme comme son âme, ses lèvres se couvrent d'une légère écume. Il n'est plus !..... Ainsi passe la gloire !

Le lendemain, le docteur Antommarchi, après avoir fait l'autopsie, refusa de signer le procès-verbal fait par les huit médecins anglais qui l'assistaient, parce que ce procès-verbal portait que Napoléon avait succombé à une affection cancéreuse héréditaire, et que lui, Antommarchi, soutint que c'était une gastro-hépatite chronique, produite par le climat. Et plus tard cette opinion fut reconnue vraie.

Après l'autopsie, sir Hudson Lowe refusa aux exécuteurs testamentaires la satisfaction d'emporter le cœur de Napoléon. Ce précieux reste fut déposé avec son corps.

Le 8 mai, son corps fut embaumé ; on le revêtit de l'uniforme des chasseurs, tout couvert d'ordres et de décorations, et on le déposa dans un quadruple cercueil. Le lieu où reposa Napoléon; lieu qui avait choisi lui-même, est situé au fond d'une allée que l'on appelle vallée du Géranium. Auprès, coule un petit ruisseau qui descend du pic de Drasse; au dessus est Hutsgate.

En apprenant la mort de Napoléon, sir Hudson Lowe parut partager la douleur générale. On s'en étonna , et alors il dit : « La perte qu'on « vient de faire est d'autant plus fâcheuse, que « mon gouvernement m'avait chargé de faire « connaître au général Bonaparte que l'instant « approchait où la liberté pouvait lui être ren« due, et que sa majesté britanique ne serait pas « la dernière à accélérer le terme de sa capti« vité; mais il est mort : tout est fini. »

—

Ainsi s'éteignit, après une captivité de 67 mois et demi , à l'âge de 51 ans 8 mois 20 jours , le plus grand homme dont l'histoire ait eu à perpétuer le souvenir. Jamais autant de gloire n'avait été expiée par un si long supplice; jamais le chef généreux d'une nation magnanime n'avait rencontré des ennemis plus dépourvus de loyauté. La mort de Napoléon fut un événement immense pour toutes les têtes couronnées de l'Europe mais plus encore pour la dynastie des Bourbons. En l'apprenant, ils ne purent contenir ni dissimuler leur joie. Il en fut de même pour le plus grand nombre des anciens dignitaires de l'Empre. Il sembla que les traîtres de Waterloo et les ingrats étaient délivrés de leurs remords. Dès lors la Sainte-Alliance respira à l'aise; car du haut du rocher sur lequel elle tenait Napoléon enchaîné, cette image si populaire, si menaçante, la remplissait encore d'effroi. Mais parmi les habitants de Paris, à la lecture des détails de ses funérailles accomplies au bout du monde, dans un isolement qui serrait le cœur, il se manifesta un sentiment de tristesse : l'affliction de chacun révélait assez que l'homme dont on déplorait le funeste sort avait été l'ami le plus intime de la patrie, si ce n'est de la liberté! Cette impression de deuil parcourut toute la France, et quoiqu'on ne découvrît pas alors tout ce qu'il y avait eu d'incomparable dans cette existence, de mérite dans cette incommensurable renommée, un certain reflet de cette gloire, qui, de plus en plus appréciée, resplendirait immortelle dans la postérité, se faisait déjà apercevoir. Mille brochures furent consacrées aux louanges du général sans pareil, de l'Empereur, que l'armée et le peuple avaient hissé sur le pavois. Les insultes vénales de M. Chateaubriand furent flétries par le mépris infligé à leur auteur, et la haine qui avait, disait-on, précipité la chute du colosse, fut accueillie par le sentiment mélancolique du peuple, qui répétait les chants de Béranger; par cette apothéose universelle, par ce culte qui multipliait l'effigie du grand homme et lui érigeait un sanctuaire dans chaque demeure; par les malédictions qui s'attachaient à l'Angleterre, à ses hommes d'Etat et à Hudson Lowe, cet ignoble bourreau, qui s'était fait l'instrument d'une vengeance si basse et si implacable; par l'anathème qui poursuivait, jusque dans les antichambres royales, les traîtres de Waterloo, par le dégoût profond qu'inspirait l'indifférence de Marie-Louise, et l'ingratitude, plus coupable encore, de quatre frères, dont trois avaient été faits rois par lui, et dont pas un n'avait eu le courage de demander à partager sa captivité.

TRANSLATION

DES CENDRES

DE NAPOLÉON.

1840.

Durant sa captivité et dans son testament, Napoléon avait exprimé le vœu d'être inhumé sur les rives de la Seine. Cette volonté du grand Empereur a reçu son accomplissement. La dépouille mortelle du glorieux capitaine a été rapportée de l'exil où son tombeau, au milieu de l'Océan, était pour l'Angleterre un opprobre plutôt qu'un trophée. Les témoins des dernières angoisses du prisonnier ont eux-mêmes sollicité l'honneur d'aller chercher ses cendres inanimées; ceux qui assistèrent à son agonie ne devaient-ils pas être les compagnons de son retour. C'est le 7 juillet 1840 que les généraux Bertrand Gourgaud; M. Las Cases fils, l'ancien valet de chambre Marchand, et trois autres personnes attachées autrefois au service de la personne impériale, s'embarquèrent sur la frégate la BELLE-POULE, commandée par le prince de Joinville, et sur la corvette la FAVORITE, montée par M. Guyet, qui mirent immédiatement à la voile pour cette expédition funèbre.

Le 8 octobre au matin, après soixante six jours de mer depuis Toulon, et vingt-quatre depuis Bahia l'expédition fut en vue de James-Town, capitale de l'île de Saint-Hélène.

Le 9 octobre, au matin, M. le prince de Joinville descendit à terre en grand uniforme, accompagné de M. le commandant Arnoux, son aide-de-camp, de MM. les généraux Bertrand et Gourgaud, de M. de Rohan-Chabot, commissaire du Roi; de M. de Las-Cases, de M. Marchand, de M. l'abbé Coquereau, aumônier de la Belle-Poule, et de plusieurs officiers des trois bâtimens. Toute la garnison était sous les armes pour le passage du prince: S. A. R. entra d'abord au château, où les autorités lui furent présentées, puis se rendit à cheval à Plantation-House, chez le gouverneur, qu'une indisposition mettait hors d'état de quitter sa maison.

Après une première conférence sur l'objet de sa mission et les moyens de l'accomplir, M. le prince de Joinville s'empressa d'aller visiter le tombeau de Napoléon à Longwood; les équipages des trois bâtimens de guerre furent également conduits par détachemens au tombeau de Longwood, et chaque homme put rapporter un souvenir de sa visite. De leur côté, MM. Bertrand, Las-Cases, Gourgaud et Marchand, consacrèrent ces trois jours à parcourir les lieux où ils avaient si souvent vu et suivi l'Empereur; et ces nobles compagnons de sa captivité recueillirent constamment dans leurs courses à travers l'île les témoignages les plus flatteurs du respect et de l'affection qu'a conservés pour eux la population de Sainte-Hélène.

La journée du 15 octobre; vingt-cinquième anniversaire de l'arrivée de l'auguste exilé à Sainte

Hélène, avait été définitivement fixée, monie de la translation. La veille, dans l'après-midi, les cercueils venus de France sur la BELLE-POULE, le char funèbre construit dans l'île par ordre du gouverneur et les divers objets nécessaires pour les opérations, furent successivement dirigés vers la vallée du Tombeau. A dix heures du soir, les personnes désignées pour assister, du côté de la France, à l'exhumation, descendirent à terre et se dirigèrent vers le lieu de la sépulture. Un motif de haute convenance interdit à M. le prince de Joinville de se mettre à leur tête. Toutes les opérations jusqu'à l'arrivée du cercueil impérial au lieu d'embarquement devant être conduites par des soldats étrangers, le prince pensa qu'en sa qualité de commandant supérieur de l'expédition, il ne devait pas assister à des travaux qu'il ne pourrait point diriger, et se décida à ne paraître sur la terre anglaise qu'à la tête des états-majors des bâtimens français, et dans une position qui lui permît de présider lui-même à tous les honneurs qu'il était chargé de rendre à la dépouille mortelle de Napoléon.

Les généraux Bertrand et Gourgaud, MM. de Chabot, de Las Cases, Marchand, Arthur Bertrand, l'abbé Coquereau et ses deux enfans de chœur; MM. Saint-Denis, Noverraz, Pierron, Archambault, anciens serviteurs de Napoléon; les capitaines de corvettes Guyet, Charner et Dovet, et M. le docteur Guillard, chirurgien-major de la BELLE-POULE, furent seuls introduits dans l'enceinte réservée autour du tombeau pendant la durée des opérations.

Commencés à minuit et demi, les travaux ont

été poussés sans relâche, et avec une grande activité, pendant plus de neuf heures.

A neuf heures et demie du matin, la terre avait été entièrement retirée du caveau, toutes les couches horizontales démolies, et la grande dalle qui recouvrait le sarcophage intérieur détachée et enlevée à l'aide d'une chèvre. Les travaux en maçonnerie cimentée qui entouraient de toutes parts le cercueil, et auxquels les dix-neuf années déjà écoulées n'avaient porté aucune atteinte, l'avaient tellement préservé des effets de l'atmosphère et de la source voisine, qu'à la première vue, il ne semblait en aucune façon altéré. Le sarcophage en dalles, lui-même parfaitement conservé, était à peine humide. Dès que M. l'abbé Coquereau eut récité les premières prières, le cercueil fut retiré avec le plus grand soin, et porté par des soldats du génie nu tête, dans une tente dressée pour le recevoir auprès du tombeau.

Après la cérémonie religieuse de la levée du corps, les cercueils intérieurs furent ouverts, sur la demande du commissaire du roi.

Il est difficile de décrire avec quelle anxiété, quelle émotion les assistans attendaient le moment qui devait leur révéler tout ce que la mort avait laissé de Napoléon. Quand, par la main du docteur Guillard, le drap de satin fut soulevé, un mouvement indéfinissable de surprise et d'attendrissement éclata parmi les spectateurs, et la plupart d'entre eux fondirent en larmes. — L'Empereur, lui-même, était devant eux ! — Les traits de la figure, bien que altérés, étaient parfaitement reconnaissables, les mains parfaitement belles; le costume si connu avait peu souffert, et les couleurs en étaient facilement distinguées; les épaulettes, les décorations, le chapeau semblaient entièrement conservés; la pose, elle-même, était pleine d'abandon, et sauf les débris de la garniture de satin, qui recouvraient comme d'une gaze très fine, plusieurs parties de l'uniforme, on aurait pu croire Napoléon étendu encore sur son lit de parade. On remarqua même que la main gauche, que le grand maréchal avait prise pour la baiser une dernière fois, au moment où l'on fermait le cercueil, était restée légèrement soulevée. Entre les jambes, auprès du chapeau, on apercevait les deux vases qui renferment le cœur et l'estomac...

Un char à quatre chevaux, décoré d'emblêmes funèbres, avait été préparé pour recevoir le cercueil. Toutes les autorités de l'île, tous les principaux habitans et la garnison entière suivirent la marche funèbre depuis le tombeau jusqu'au quai, les canons des forts et les batteries de la Belle-Poule tiraient de minute en minute.

Après deux heures de marche le cortége s'arêta à l'extrémité du quai, où M. le princede Joinville s'était placé à la tête de l'état-major des trois bâtiments français. Les plus grands honneurs officiels avaient été rendus par les autorités anglaises à la mémoire de l'Empereur : des hommages éclatans avaient signalé les adieux de Sainte-Hélène à son cercueil dès ce moment la dépouille mortelle allait appartenir à la France.

Quand le char se fut arrêté, M. le prince de Joinville s'avança seul, et, en présence de tous les assistans découverts, reçut solennellement des mains du général Middlemore le cercueil impérial.

Le prince fit ensuite transporter le cercueil dans

une chaloupe d'honneur disposée pour le recevoir.

Dès qu'elle se fut éloignée du quai, la terre tira le salut de vingt-un coups de canon, et nos bâtimens envoyèrent la première bordée de toute leur artillerie ; les deux autres furent tirées pendant le trajet du quai à la frégate, la chaloupe nageant très lentement, entourée de toutes les autres embarcations. A six heures et demie, elle atteignit la BELLE-POULE. Tous nos bâtimens avaient les hommes sur les vergues, le drapeau à la main.

Porté par nos matelots, le cercueil passa entre deux haies d'officiers, l'épée nue, et fut placé sur les panneaux du gaillard d'arrière de la Belle-Poule.

Le dimanche, 18, à huit heures du matin, la *Belle-Poule* quitta Sainte-Hélène, et aborda à Cherbourg le 30 novembre.

Avec quelle impatience n'était-elle pas attendue cette précieuse dépouille mortelle de l'empereur Napoléon, comme nos souvenirs allaient au devant d'elle, et puisque ses bourreaux avaient enfin consenti à nous rendre ce corps dont leur traître et ignoble vengeance avait si cruellement torturé l'âme, combien il nous tardait de protester par notre recueillement, par des manifestations profondément respectueuses, et par nos sympathiques regrets, contre les mauvais traitemens qui lui furent prodigués! Les yeux de nos belliqueux vétérans se sont remplis de larmes en voyant blanchir à l'horison les voiles de la BELLE-POULE, où étaient déposés les restes du grand capitaine qui les conduisit si souvent à la victoire ; de tous les points du rivage on était accouru en foule pour contempler le navire, fragile sanctuaire dont les flancs contenaient les débris inanimés de cette organisation de fer qu'agitaient autrefois de si puissantes idées....

Le cercueil, enlevé de LA BELLE-POULE, fut embarqué sur un autre bâtiment préparé à cet effet. Pendant le trajet de Cherbourg à l'embouchure de la Seine, les bâtimens de l'escorte tiraient un coup de canon de quart-d'heure en quart-d'heure. A l'embouchure de la Seine, un nouveau transbordement eut lieu; le convoi s'effectua alors par des bateaux à vapeur portant pavillon en berne, et les salves d'artillerie se continuèrent comme auparavant de quinze en quinze minutes. Au signal de l'artillerie, sur toute la route parcourue par le navire, les cloches des communes riveraines furent mises en branle pour faire entendre le glaz de la mort, et les autorités locales se présentèrent avec le clergé pour saluer et bénir, à son passage, la dépouille du grand Empereur. Au point du débarquement commencèrent à se multiplier les apprêts de cet apothéose; les piles du pont de Neuilly avaient disparu sous une décoration de trophées où figuraient des attributs de marine et de guerre.

Tout près du pont un char splendide de trente pieds d'élévation attendit le sarcophage pour le transporter aux Invalides; ce catafalque roulant était traîné par seize chevaux blancs disposés par quatre de front, et couverts de housses de velours violet aux armes de l'empereur. La magistrature municipale s'avança sous l'Arc de Triomphe, élevé à la gloire de nos armées, et simplement décoré, pour cette solennité, de vertes guirlandes de chêne et de laurier, puis vint le clergé, puis le char funèbre escorté de vieux soldats portant l'uniforme de tous les régimens de la garde, artilleurs, lanciers, grenadiers à pied et à cheval, guides, gendarmes, dragons de l'Impératrice, marins mamelucks, etc., divisés en autant de pelotons de vingt-cinq hommes que la garde impériale comptait de régimens. Les gardes d'honneur, de 1813 et de 1814, y avaient aussi leurs représentans :

Au milieu de cette escorte d'élite, immédiatement après le char, venaient les maréchaux de l'Empire, groupés autour d'une châsse sur laquelle était déposée l'épée de Napoléon. Sur une autre châsse, étaient déposés les insignes de la Légion-d'Honneur escortés par les grands dignitaires de l'Ordre ; et puis, sur une troisième, les cinq Codes avec un cortége de magistrats. Les pelotons de la garde impériale fermaient cette première partie du convoi.

Après eux suivaient les drapeaux de tous les régimens actuels de l'armée française accompagnés de détachemens nombreux choisis dans chaque corps ; les lanciers, les zouaves, les chasseurs d'Afrique, les carabiniers, les hussards, les dragons, les spahis, le génie, l'artillerie et tous les régimens de ligne, tous arborant leur étendard avec les soldats les plus dignes de l'accompagner dans cette solennité, les plus capables de le défendre devant l'ennemi.

Puis venaient les écoles civiles et militaires ; puis les corps savans, puis les bannières des quatre-vingt-six départemens portées par autant de sous-officiers.

Trente mille hommes de troupes de ligne, artillerie, infanterie, cavalerie, composaient ce cortége, où figuraient plusieurs batteries, conduites mèche allumée.

Depuis le pont de Neuilly jusqu'à l'Arc de l'Etoile, des candélabres surmontés de cassolettes immenses, dans lesquelles brûlaient des torches de résine, indiquaient de loin en loin la marche du convoi; mais à mesure qu'il avançait, la décoration devenait plus riche, plus pompeuse, plus imposante.

Cependant, le char s'avança entre deux haies de statues, représentant la Victoire, la Gloire, la Paix, l'Industrie, l'Agriculture, la Navigation, le Commerce, la Guerre, la Science, les Arts, par quatre de chaque côté. A chaque côté du pont s'élevaient deux colonnes triomphales. Une statue gigantesque, celle de l'Immortalité, destinée au couronnement du Panthéon, était placée en avant du péristyle de la chambre des Députés. A droite et à gauche, entre les deux quinconces des Invalides, appuyées à la ligne des arbres, étaient dressées des estrades décorées de mâts pavoisés de flammes, de trophées, et pouvant contenir cent soixante mille personnes; des orchestres nombreux occupaient l'espace laissé libre entre les estrades, et pendant toute la cérémonie ils exécutaient des morceaux appropriés à la circonstance. Les musiques de la garde nationale, celles des grands théâtres, et toutes les musiques des régimens faisaient aussi entendre tour à tour des marches guerrières, des fanfares belliqueuses et des airs lugubres.

L'Hôtel des Invalides, dans ses approches et dans ses parties les plus monumentales avait été en quelque sorte transformé pour cette journée de deuil et d'expiation nationale... La grande grille avait été enlevée, et l'on avait comblé les fossés pour livrer passage au cortége. L'église avait complètement changé d'aspect; tout y avait été bouleversé, métamorphosé, à la grande joie des vieux soldats, qui ne voyaient dans ces dérangemens qu'un, but, la glorification de leur héros. Sous le dôme, somptueusement illuminé et tout parsemé de draperies, de trophées, d'écussons emblématiques, s'élevait l'immense catafalque qui avait remplacé le maître-autel et les colonnes dorées dont il était entouré. Au milieu de l'esplanade qui s'étend du seuil du palais de nos vieux guerriers, à l'endroit même où l'on aurait voulu voir placer l'éléphant de la Bastille, s'élevait pour un jour, sur un immense piédestal, une statue de Napoléon;

Le convoi approchait lentement; déjà long-temps avant qu'il se fût mis en marche, les canons des Invalides avaient répondu au premier bruit du canon de la flottille funéraire; on entendit au loin l'air se remplir du retentissement lugubre du bourdon de Notre-Dame, qu'accompagnaient les sonneries inégales de toute les paroisses de Paris et de la banlieue. Enfin le cortége a franchi la limite naguère marquée par la grille. Voici les vieux canons, dont la voix assourdissante a tant de fois hurlé aux oreilles des Parisiens la nouvelle des prospérités impériales; les vieux canons qui ont célébré tant de fêtes, tant de victoires, qui ont tonné toute une journée à la naissance du roi de Rome, qui ont mêlé le bruit de leurs rauques acclamations à la tempête des acclamations qui accueillirent le couronnement, les vieux canons frémissent encore sous la main des vieux artilleurs de l'Empire.

Dans la cour royale, les noms de toutes les batailles de l'Empire étaient inscrits au milieu des médaillons immenses soutenus par d'immenses trophées distribués sur toutes les faces du bâtiment ; de larges estrades, occupant les deux côtés de la cour, et s'élevant jusqu'à la hauteur de la galerie du premier étage, sont occupées par les officiers de tout âge et de toutes armes, infanterie, cavalerie, garde nationale.

Enfin, le char s'est arrêté devant le portique de l'église des Invalides, tendue depuis le haut jusques en bas, de velours violet aux abbeilles d'or, et décorée de magnifiques écussons rappelant les titres de la gloire civile de l'Empereur, comme les médaillons de la cour royale rappellaient les titres de sa gloire militaire.

Ici, le cercueil fut descendu du char funèbre, en présence du Roi, qui reçut à la porte de la basilique, les cendres de Napoléon. Les restes de l'Empereur furent portés à bras sur toute la longueur de la nef, puis, après avoir franchi la place occupée par le riche autel de marbre et le riche baldaquin qui le surmonte, ils furent déposés sur un catafalque majestueux dressé sous le dôme, à la place même où l'on avait eu la pensée bizarre d'élever le tombeau de Napoléon.

Alors commença la cérémonie religieuse, célébrée avec toute la pompe, tout l'éclat, toute la majesté que le catholicisme sait déployer dans les solennités funèbres. L'office terminé, le sarcophage fut déposé dans une tombe provisoire, en attendant a détermination d'un lieu convenable pour l'érection du tombeau définitif.

PROCÈS-VERBAL DU DOCTEUR GUILLARD.

Je soussignée Guillard (Remy-Julien), docteur en médecine, chirurgien-major de la frégate la *Belle-Poule*, m'étant rendu, dans la nuit du 14 au 15 octobre 1340, sur l'invitation de M. le comte de Rohan-Chabot, commissaire du roi, à la vallée du Tombeau, île de Sainte-Hélène, pour assister à l'exhumation des restes de l'empereur Napoléon, en ai dressé le présent procès-verbal :

Pendant les premiers travaux, il n'a point été pris de précautions sanitaires ; aucune exhalaison méphitique n'est sortie des terres que l'on remuait, ni du caveau dont on faisait l'ouverture.

Le caveau ayant été ouvert, j'y suis descendu : au fond, était le cercueil de l'Empereur ; il reposait sur une large dalle, assise elle-même sur des montants en pierre. Les planches en acajou qui le formaient avaient encore leur couleur et leur dureté, excepté celles du fond qui, garnies de velours, présentaient un peu d'altération dans les couches superficielles. On ne voyait à l'entour aucun corps solide ni liquide. Quand aux parois du caveau, elles n'offraient pas la plus légère dégradation, ça et là, quelques traces d'humidité.

M. le commissaire du roi m'ayant engagé à ouvrir les cercueils intérieurs, j'ai dû les soumettre d'abord à quelques mesures sanitaires ; immédiatement après, j'ai procédé à leur ouverture. La caisse extérieure était fermée par de longues vis, il a fallu les couper pour enlever le couvercle ; dessous, était une caisse en plomb, close de toutes parts qui enveloppait une autre caisse en acajou parfaitement intacte; venait enfin une quatrième caisse en ferblanc dont le couvercle était soudé sous les parois qui se repliaient en dedans. La soudure a été coupée lentement et le couvercle enlevé avec précaution ; alors, j'ai vu un tissu blanchâtre qui cachait l'intérieur du cercueil et empêchait d'apercevoir le corps ; c'était du satin ouaté, formant une garniture dans l'intérieur de cette caisse. Je l'ai soulevé par une extrémité, et, le roulant sur lui-même des pieds à la tête, j'ai mis à découvert le corps de Napoléon, que j'ai reconnu aussitôt, tant son corps était bien conservé, tant sa tête avait de vérité dans son expression.

Quelque chose de blanc qui semblait détaché de la garniture couvrait, comme d'une gaze légère, tout ce que renfermait le cercueil. Le crâne et le front, qui adhéraient fortement au satin, en étaient surtout enduits; on en voyait peu sur le bas de la figure, sur les mains. sur les orteils. Le corps de l'Empereur avait une position aisée : c'était celle qu'on lui avait donnée en le plaçant dans le cercueil; les membres supérieurs étaient allongés, l'avant-bras et la main gauche appuyant sur la cuisse correspondante, les membres inférieurs légèrement fléchis. La tête, un peu élevée, reposait sur un coussin ; le crâne volumineux, le front haut et large se présentaient couverts de téguments jaunâtres, durs et très adhérents. Tel paraissait aussi le contour des orbites, dont le bord supérieur était garni de sourcils. Sous les paupières se dessinaient les globes oculaires, qui avaient perdu peu de chose de leur volume et de leur forme. Ces paupières, complétement fermées, adhéraient aux parties sous-jacentes et se présentaient dures sous la pression des doigts. Quelques cils se voyaient encore à leur bord libre. Les os propres du nez et les téguments qui les couvrent étaient bien conservés, le lobe et les ailes seuls avaient souffert. Les joues étaient bouffies. Les téguments de cette partie de la face se faisaient remarquer par leur toucher doux, souple et leur couleur blanche; ceux du menton étaient légèrement bleuâtres. Ils empruntaient cette teinte à la barbe qui semblait avoir poussé après la mort. Quant au menton lui-même, il n'offrait point d'altération et conservait encore ce type propre à la figure de Napoléon. Les lèvres amincies étaient écartées, trois dents incisives, extrêmement blanches, se voyaient sous la lèvre supérieure qui était un peu relevée à gauche. Les mains ne laissaient rien à désirer; nulle part, la plus légère altération. Si les articulations avaient perdu leurs mouvements, la peau semblait avoir conservé cette couleur particulière qui n'appartient qu'à ce qui a vie. Les doigts portaient des ongles longs, adhérents et très blancs, les jambes étaient renfermées dans les bottes ; mais, par suite de la rupture des fils, les quatre derniers orteils dépassaient de chaque côté. La peau de ces orteils etait d'un blanc mat et garni d'ongles. La région antérieure du thorax était fortement déprimée dans la partie moyenne, les parois du ventre dures et affaissées. Les membres paraissaient avoir conservé leurs formes sous les vêtement, qui les couvraient ; j'ai pressé le bras, gauche, il était dur et avait diminué de volume. Quant aux vêtements, ils se présentaient avec leurs couleurs : ainsi, on reconnaissait parfaitement l'uniforme de chasseurs à cheval de la vieille garde, au vert foncé de l'habit; au rouge vif des parements ; le grand cordon de la Légion-d'Honneur se dessinant sur le gilet, et la culotte blanche cachetée en partie par le petit chapeau qui reposait sur les cuisses. Les épaulettes, la plaque et les deux décorations attachées sur la poitrine n'avaient plus leur brillant, elles étaient noircies. La couronne d'or de la croix d'officier de la Légion-d'Honneur seule avait conservé son éclat. Des vases d'argent apparaissaient entre les jambes; un d'eux; surmonté d'un aigle, s'élevait entre les genoux. je le trouvai intact et fermé. Comme il existait des adhérences assez forces entre ces vases et les parties voisines qui les couvraient un peu, M. le commissaire du roi n'a pas cru devoir les déplacer pour les examiner de plus près.

Tels sont les seuls détails que m'ait permis d'enregistrer, sur les restes mortels de l'empereur Napoléon, un examen qui n'a duré que deux minutes. Ils sont incomplets sans doute, mais ils suffisent pour constater un état de conservation plus parfait que je n'étais fondé à l'attendre d'après les circonstances connues de l'autopsie et de l'inhumation. Ce n'est point ici le lieu d'examiner les causes nombreuses qui ont pu arrêter à ce point la décomposition des tissus; mais on ajoute que l'extrême solidité de la maçonnerie du tombeau et les soins apportés à la confection et à la soudure des cercueils métalliques n'aient contribué puissamment à produire ce résultat. Quoi qu'il en soit, j'ai dû redouter pour ces restes le contact de l'air atmosphérique, et convaincu que le meilleur moyen d'en assurer la conservation était de les soustraire à son action destructive, je me suis rendu avec empressement aux invitation de M. le commissaire du roi, qui demandait qu'on fermât les cercueils.

J'ai remis à sa place le satin ouaté; après l'avoir légèrement enduit de créosote; j'ai fait fermer hermétiquement les caisses en bois, et souder avec le plus grand soin les caisses en métal.

Les restes de l'empereur Napoléon sont aujourd'hui dans six cercueils :

1° Un cercueil en ferblanc;

2° Un cercueil en bois d'acajou;

3° Un cercueil en plomb;

4° Un second cercueil en plomb, séparé du précédent par de la sciure et des coins de bois ;

5° Un cercueil en bois d'ébène ;

6° Un cercueil en bois de chêne, qui protége le cercueil en ébène.

Fait à l'île de Sainte-Hélène, le 15 du mois d'octobre 1840.

REMY GUILLARD, *doc. méd.*

Le commissaire du roi,

PH. DE ROHAN-CHABOT.

FIN.

Paris. — Imprimerie de Lacour et comp., rue St-Hyacinthe-St-Michel, 33.

[illegible]
Qu'un préjugé vulgaire impute à la nature?
Un seul mot de César a-t-il éteint dans toi
L'amour de ton pays, ton devoir, et ta foi?
En disant ce secret ou faux ou véritable,
Et t'avouant pour fils, en est-il moins coupable?
En es-tu moins Brutus? en es-tu moins Romain?
Nous dois-tu moins ta vie, et ton cœur, et ta main?
Toi, son fils! Rome enfin n'est-elle plus ta mère?

Je ne [illegible]
De mes stoïques yeux des larmes ont coulé.
Après l'affreux serment que vous m'avez vu faire,
Prêt à servir l'état, mais à tuer mon père;
Pleurant d'être son fils, honteux de ses bienfaits;
Admirant ses vertus, condamnant ses forfaits;
Voyant en lui mon père, un coupable, un grand homme;

www.ingramcontent.com/pod-product-compliance
Ingram Content Group UK Ltd.
Pitfield, Milton Keynes, MK11 3LW, UK
UKHW021043200726
13857UKWH00003B/785